鲁迅藏拓本全集

瓦当卷

《鲁迅藏拓本全集》编辑委员会

目　录

出版说明

北京鲁迅博物馆所藏鲁迅生前搜购历代拓本5100余种、6000余张，大略可分为刻石类，包括碑碣、汉画像、摩崖、造像、墓志、阙、经幢、买地券等；吉金类，包括钟鼎、铜镜、古钱等；陶文类，包括古砖、瓦当、砚、印等。除了鲁迅生前编订目录、20世纪八九十年代出版的汉画像选集外，大都没有公开面世。

蔡元培先生曾高度评价鲁迅收藏和研究金石拓本的工作："金石学为自宋以来较发展之学，而未有注意于汉碑之图案者，鲁迅先生独注意于此项材料之搜罗，推而至于《引玉集》《木刻纪程》《北平笺谱》等等，均为旧时代的考据家、赏鉴家所未曾著手。"

鲁迅收藏的拓本，涉及书法、文学、雕刻等诸多领域，兼具文献性和观赏性，是鲁迅研究汉字发展源流及书法艺术、校勘典籍的原始资料，也是我们进行这方面研究的珍贵的参考资料。鲁迅生前曾制定两个学术计划，一是撰写《中国文学史》，一是撰写《中国字体变迁史》，为此广搜博采，可惜因为早逝，前者止于西汉，后者未能开篇。20世纪七八十年代出版的《鲁迅辑校古籍手稿》，成为学界研究《中国小说史略》等学术名著生成过程的第一手资料；《鲁迅藏汉画像》选本的出版，也使美术史研究者获益匪浅。

过去，学术界强调鲁迅作为新文学代表的一面，更多关注他在文体创新及社会批判等方面的贡献，对他在古籍整理、金石研究等领域的成绩论述不多。随着中国文化主体性自觉的提高，及对鲁迅丰富性和复杂性的认识的深入，这方面的研究越来越引起重视。从鲁迅收藏的大量拓本中，我们可以思考这样一些问题：对传统文化批判最激烈的鲁迅，却从传统文化中吸收了如此多的营养，鲁迅与中国传统文化究竟是一种什么关系？鲁迅对汉字的演变为什么产生如此强烈的兴趣？他对汉字的研究对他的书法艺术、写作风格、审美取向乃至世界观的形成起到多大作用？鲁迅曾说："汉人石刻，气魄深沉雄大……倘取入木刻，或可另辟一境也。"又说："采用外国的良规，加以发挥，使我们的作品更加丰满是一条路；择取中国的遗产，融合新机，使将来的作品别开生面也是一条路。"鲁迅倡导新兴木刻运动与其对古代美术的研究之间的联系值得深入探讨。

鲁迅搜藏的拓本，其中有些原物已不存在；有些原物因岁月的磨砺，漫漶严重，字迹、图像模糊不清，因此更显珍贵。鲁迅生前一直有将藏品整理出版、"印成有学术价值的书籍"的愿望。1929年5月他回北京探亲期间，写信给许广平说："上午想理些带出的书籍，但头绪纷繁，无从下手，也许终于理不成功的，恐怕《中国字体变迁史》也不是在上海所能作罢。"至于汉画像，鲁迅生前共搜集700余枚拓片，曾拟出版目录，共七篇十五卷。

近几年，北京鲁迅博物馆陆续将这些藏品编目、分类，辑为汉画像、碑刻、墓志、瓦当、造像记、砖刻等十余卷。西泠印社出版社和浙江越生文化创意有限公司本着弘扬鲁迅文化遗产的宗旨，倾力襄助本丛书的出版，使博物馆同仁深受鼓舞。愿各方通力合作，使这些珍贵藏品早日与广大读者见面。

北京鲁迅博物馆

2014年5月8日

前　言

黄 乔 生

一

何谓瓦当？程敦在《秦汉瓦当文字》序言中说：

> 瓦当者，宋李好文《长安图志》谓之瓦头盖，屋瓦皆仰，当两仰瓦之际，为半规之瓦以覆之，俗谓之筒瓦。古筒瓦，长二尺余，两端皆有笱距，至覆檐际之瓦，一端下向为正圜形，径五六寸，有至七八寸者，其面篆书吉祥语意。或宫殿门观主名，有十二字、六字、五字、四字、三字、一二字不等。篆文皆随势诎曲为之，间有方整者，以当藻饰。谓之瓦当者，以瓦文中有"兰池宫当"，洎"八风寿存当"等，是秦汉时本名。《说文解字》云："当，田相值也。"《韩非子·外储说》："玉卮无当。"注家谓："当，底也。"瓦覆檐际者，正当众瓦之底，又节比于檐端，瓦瓦相值，故有当名。

最早的瓦当发现于陕西扶风县召陈村西周中晚期宫殿建筑群遗址。历来出土瓦当以汉代为多，且多在今陕西省境内。程敦记述较详：

> 关中为秦汉故都，去西安城西北十余里，俗名杨家城，即汉旧城也。从此直抵咸阳，境上延袤二三十里，居民数十堡，尽其地，汉城阙宫殿基址，隐隐尚存，瓦砾杂尘土中，满目皆是。其仰瓦之背，横纵作绳痕，故旧相传用以固泥，有此痕者，悉为汉瓦。瓦当有华有字，字者至为难得，耕夫牧竖偶然值之，则收弃于家，贾人鬻以入市。字中最多者为"长生无极""长乐未央"，次则"长生未央""与天无极""上林""卫"字等，其他则不数觏。然同文之瓦，而字又有不同处，盖当时非一人一手所造。至三原耀州淳化，亦往往有得者，终不及汉城之多。瓦当文字不著于宋欧阳文忠公《集古录》，盖当时人犹未之见。逮元祐六年，宝鸡县民权氏濬池得古瓦，铭曰："羽阳千岁。"乃秦武宫羽阳宫瓦，其事载王辟之《渑水燕谈录》，瓦当文字之见于记籍始此。后李好文著《长安图志》，所见有"长乐未央"等七瓦，号为至多。又黄伯思《东观余论》称有"益延寿"三字瓦，自是而后阒无闻焉。

鲁迅对瓦当的兴趣，始自民国初年任职教育部时期。鲁迅非收藏家，他购买瓦当拓片及汉画像石拓片、碑、砖拓片等，是为学术研究之用。

鲁迅从《秦汉瓦当文字》一书中获得很多相关知识。同名书籍，鲁迅有两部，一是程敦编著本，一是罗振玉编著本。鲁迅描摹了程本，后来又收藏了罗本。这两部书，现都保存在北京鲁迅博物馆。程本三册，正卷两册、续卷一册，正卷两册成于乾隆五十二年（1787）。第一册收录瓦当66件，第二册收录瓦当48件。随后七年中，作者又继续寻访、搜集，收得25件，编为《续秦汉瓦当文字》一册，乾隆五十九年(1794)刊印。全书共收入139图。

1915年3月19日，鲁迅从钱稻孙处“借得《秦汉瓦当文字》一卷二册，拟景写之”。3月29日“夜景写《秦汉瓦当文字》一卷之上讫，自始迄今计十日”。随后开始影写《秦汉瓦当文字》一卷下，4月10日“《秦汉瓦当文字》一卷之下讫，计十二日”。从鲁迅摹本《秦汉瓦当文字》看，他从钱稻孙处借到的应为程本。他摹写这部书，耗费22天时间，摹绘瓦图141幅，抄写目录、序、瓦当考证资料等71页，近万字，板框、栏线全为手绘，书口上的“秦汉瓦当文字”字样亦出鲁迅手笔。鲁迅用的是双钩法，“单廓未填，笔势精善”，蝇头小楷，工整不苟。但鲁迅把程本三册缩编成了两册，对图版目录、顺序和内容做了调整。此项工作完成后，鲁迅将影摹本寄给周作人，据1915年8月14日《周作人日记》记载“得北京十日寄景抄本秦汉瓦当文字三本、百砖考一本、砖拓本五纸……”

鲁迅还收藏了罗振玉编著的瓦当专书。罗振玉(1866—1940)，字式如、叔蕴、叔言，号雪堂，浙江上虞人，著作颇丰，其《殷墟书契》《三代吉金文存》《流沙坠简》等书，一直为鲁迅所注意。鲁迅共收藏罗振玉编著图书16种。1915年9月19日鲁迅从蟫隐庐购得《秦汉瓦当文字》，即民国三年(1914)上虞罗氏影印本。书分五卷，第一卷为宫阙、殿署阙、仓屯、冢等瓦，第二、第三卷为吉语瓦，第四卷为画瓦，第五卷为补遗，共收录瓦当图319幅。原物为清代学者赵魏、钱坫、俞肇修、宋葆醇、王福田、吴式芬、陈介祺、潘祖荫等人的旧藏。

罗振玉把瓦当的“出土之地”和“收藏姓名”直接著录在目录下面，在“写记”中说明他编录的瓦当拓本的来源、收藏、流传情况，可谓“流传有序”：

> 右瓦当文字，为类凡百四十有八，合重文者计之，总得三百十有九。其收藏家之可知者，二百三十余，其不可知者，约八十，皆据予箧中所藏旧拓本也。诸家所藏中，福山王氏之瓦，后归丹徒刘氏。厥后，刘氏所藏及得之文敏者，悉归诸端忠敏公宝华盦，今仍书王氏、刘氏者，从其朔也。忠敏所藏有殊品十余，予曾一一摩挲，而不能得墨本，故兹编缺焉。

鲁迅与罗振玉文中提到的端忠敏公端方，在收藏上颇有些传承关系。鲁迅不但摹写图书，收藏拓本，还找来各种相关书籍对瓦当进行考证和研究。除了购买罗振玉的《秦汉瓦当文字》外，他还购藏了王昶的《金石萃编》、翁方纲的《两汉金石记》等。不过，此时鲁迅购买的拓片并不多，日记中只有一条记载：1915年8月13日“得二弟长乐未央一张”，系周作人从绍兴寄至北京者。

二

降至1918年，也就是抄录《秦汉瓦当文字》后三年，鲁迅乃有机会大力购置瓦当。据鲁迅日记记载：1918年4月25日，鲁迅在琉璃厂买得未央东阁瓦当拓片一枚，券一元；9月28日，在琉璃厂买得瓦当拓片卌枚，币六元。1919年2月16日，在德古斋买端氏所藏瓦当拓片卅二枚，券二元；3月3日，在德古斋买得端氏所藏瓦当拓片与二月十六日所收无重复者二百六十枚，价券十四元。

端方旧藏瓦当的购入成为鲁迅瓦当收藏的主体。在全部314张拓片中，291张上有“陶斋藏瓦”印鉴，此外拓片无印鉴者也不排除陶斋所藏者。端方(1861—1911)，字午桥，满洲人，汉姓陶，故号陶斋，曾任湖北巡抚，两广、两江总督。1911 年 9 月，端方率军入川，镇压四川保路运动，被新军所杀。死后，藏品散佚。端方藏有大量瓦当，并亲自拓印，有《匋斋吉金录》《陶斋藏石记》《陶斋藏砖记》等著作行世。

因为有了这些陶斋藏品，鲁迅对端方的其他藏品也产生了兴趣。1925 年 7 月 15 日他购得《陶斋藏石记》(十二册)。端方倩人将自藏643件碑石，逐一记录出处及刻记，自撰考释文字，编辑出版。内容包括古碑、造像、墓志铭、石经，还有泉范、古砖、井栏、田券、造像记等等。此书有“陶斋藏瓦记”二卷。鲁迅抄写的金石资料中的《陶斋所藏秦汉瓦当文字目录》6 页和瓦当目录 4 页，就是出自该书。此外，鲁迅还在拟编的《汉画像集》中，把瓦甓(三卷)编入第七章，但由于“材料不完，印工亦浩大”(1935 年 11 月 15 日致台静农信)，这一出版计划没有实现。

鲁迅晚年，远离北京，瓦当类收藏几乎终止。只有一次，即 1932 年 7 月 11 日“得台静农寄赠古燕瓦 20 种拓片四枚”。所谓古燕瓦，就是燕下都遗址出土的瓦当。燕下都是战国时代燕国的别都，在今河北省易县东南。相较于其都城蓟，具有重要军事作用。1929 年，由北平研究院、古物保管委员会和北京大学联合组成考古团，对燕下都遗址展开调查发掘。1930 年，考古团对燕下都古城外的老姆台建筑遗址进行了小规模发掘，所获文物中，以半圆形瓦当为最多，共 2537 件，瓦当的纹饰中又以饕餮纹饰为多。鲁迅在台静农赠品的包装袋上注明:“古燕半瓦拓片四纸二十种，一九三〇年燕下都考古团发掘所得，三二年七月静农自北平寄赠。”拓片上的图案皆为饕餮纹。

鲁迅对自己收藏的瓦当铭文的释读，以及年代、所属宫殿名称、位置的情况等没有做系统的研究。鲁迅本有研究中国字体变迁史的计划，这些瓦当拓片应该是他为此准备的材料的一部分。

三

就纹饰而言，瓦当可分为三大类:图像纹瓦当、图案纹瓦当和文字瓦当。汉瓦当中，较常见的是文字瓦当，其书法艺术价值很高。瓦当文字篆书多于隶书，在圆型范围内，促长行短，不取方正，变化多端。据统计，瓦当篆文变化有 120 种之多。篆书之美本来建立在从象形基础上演化出来的线条章法和形状结构之上，曲直适宜，纵横合度，结体自如，布局完满。瓦当文字利用有限的空间淋漓尽致地体现了这种特点。此外，还有少量运用美术变体如鸟虫篆书者，如“永受嘉福”瓦当等。

瓦当文字结构形式相当丰富，有一单元结构，如“卫”“冢”“李”等，字的外围，笔画在圆型内变化，富有图案美。鲁迅藏品中，卫字瓦当不少，原物大都出自汉长安城遗址。“卫”字通常占满当面。有的“卫”字较小，字外有一周网纹。有的当面或涂朱色，或涂白垩。当面为隶书的“卫”字，应属汉甘泉宫卫尉官署所用之瓦;有二单元结构，或上下，或左右，上下结构如“甘林”“冢上”，左右结构如“千秋”“万岁”等;四单元结构形式最为常见，将圆分为四部分，每部分安排一字或两字，画面四方连续，有一种整体美感;此外，还有多单元和无单元结构，如无单元的“与华无极”、多单元的“千金宜富景当”“延寿万岁常与天久长”“鼎湖延寿宫”等，以文字线条伸缩变形，展现了汉字变化的无穷魅力。根据瓦当圆形、半圆形的特点，汉代的书法家和工匠们充分发挥聪明才智，用布局精巧的构图创造出一个个艺术佳品，如瓦当拓片“永受嘉福”，秀丽妩媚，遒劲苍郁。

从文字内容来看，有的瓦当标明建筑物的名称，如“长乐”“未央”“上林”等；有的为吉语，如“长乐无极”“延年益寿昌”“长生吉利”“万岁未央”等；有的表明墓葬名称，如“高祖万世”“长陵西神”“殷氏冢当”等。

鲁迅对瓦当的图案也是重视的。在影摹本《秦汉瓦当文字》下册，有一幅“冢子空处画鸱鸺瓦当”。鸱鸺就是猫头鹰。这张图的释文：“右瓦作冢字，空处画鸱鸺，乃墓舍所施。冢，说文，从豕声，此从豕，盖省耳。下画鸱鸺，亦墓间常有之物，或工匠所为然，笔画简肖，非后人所及。”罗振玉本《秦汉瓦当文字》中也收有“冢”字瓦当图。《尔雅·释鸟》云：“狂、茅鸱、怪鸱”，注曰“即鸱鸺也”。《辞海》“鸱鸺”条释文是：“属鸟类猛禽类，体长尺许，色淡褐，多黑斑，头圆，上嘴钩曲，眼圆大，有毛圈。头侧有毛角如耳，腿强壮，爪锐利，栖山野中，夜伏昼出，捕食小动物。”又有木兔、角鸱、猫头鹰等名。鲁迅手摹猫头鹰图流传很广，竟给人“鲁迅喜爱猫头鹰”“鲁迅有猫头鹰习性”的印象。1927 年出版的鲁迅第一本杂文集《坟》，就以猫头鹰作为扉页的装饰图案。

现存鲁迅藏瓦当拓片，钤有“陶斋藏瓦”印者 292 枚 295 种，钤有“风雨楼藏甓”印者 1 枚，燕下都瓦当钤有“老姥台”印者 2 枚 10 种，燕下都瓦当未钤印者 2 枚 10 种，其他瓦当拓片 18 枚，共得 315 枚 334 种，此次不加别择，全部收入本卷，按题材内容分类编排，注明原件的尺寸，并做释文。瓦当文字虽少，但释读也非易事。郑耘门曾写信给程敦，对《秦汉瓦当文字》的释文提出意见道：

> 所载“迎风嘉祥”瓦，释为“卡风嘉祥”，固非，然谓“迎风嘉祥”，亦恐未确。细玩首一字，乃“永”字甚明白。次一字，上从“爪”，下从“又”，乃“受”字，惟“冖”下似多一画，尝见汉铜印有“陈受私印”，“受”字多一画，则为“受”字无疑。《说文》：“受”从“𠬪”，舟，省声，多一画，或不省耳。“祥”字左偏羊旁亦不类，窃以为“福”字异文。上作⌒者，一也，次多波叠者，口字，上下牵连如今隶作“畐”是，下“田”字。屈曲作势，案画求之，毫发不爽，宜直以“永受嘉福”释之。

郑氏还提出，“冢当万岁”可以顺读作“万岁冢当”，因为“秦汉款识多回文，随意起讫，不拘上下”。本书释文参考了前人成果，但或仍有不妥之处，敬候读者明教。

2015 年 3 月 18 日于北京阜成门内

图版目录

图　版

001 万有憙

·汉
·直径 13.5cm
·圆形
·左下钤“陶斋藏瓦”白文印

002　万岁万岁(残)

· 汉
· 直径 18.6cm
· 圆形
· 左下残
· 左下钤“陶斋藏瓦”白文印

003　万岁万岁

- 汉
- 直径 16.4cm
- 圆形
- 左下残
- 左下钤“陶斋藏瓦”白文印

004　万岁万岁(残)

・汉
・直径 15.5cm
・圆形
・上半残
・左下钤“陶斋藏瓦”白文印

005　万秋

· 汉
· 直径 14.5cm
· 圆形
· 下边轮残
· 左下钤“陶斋藏瓦”白文印

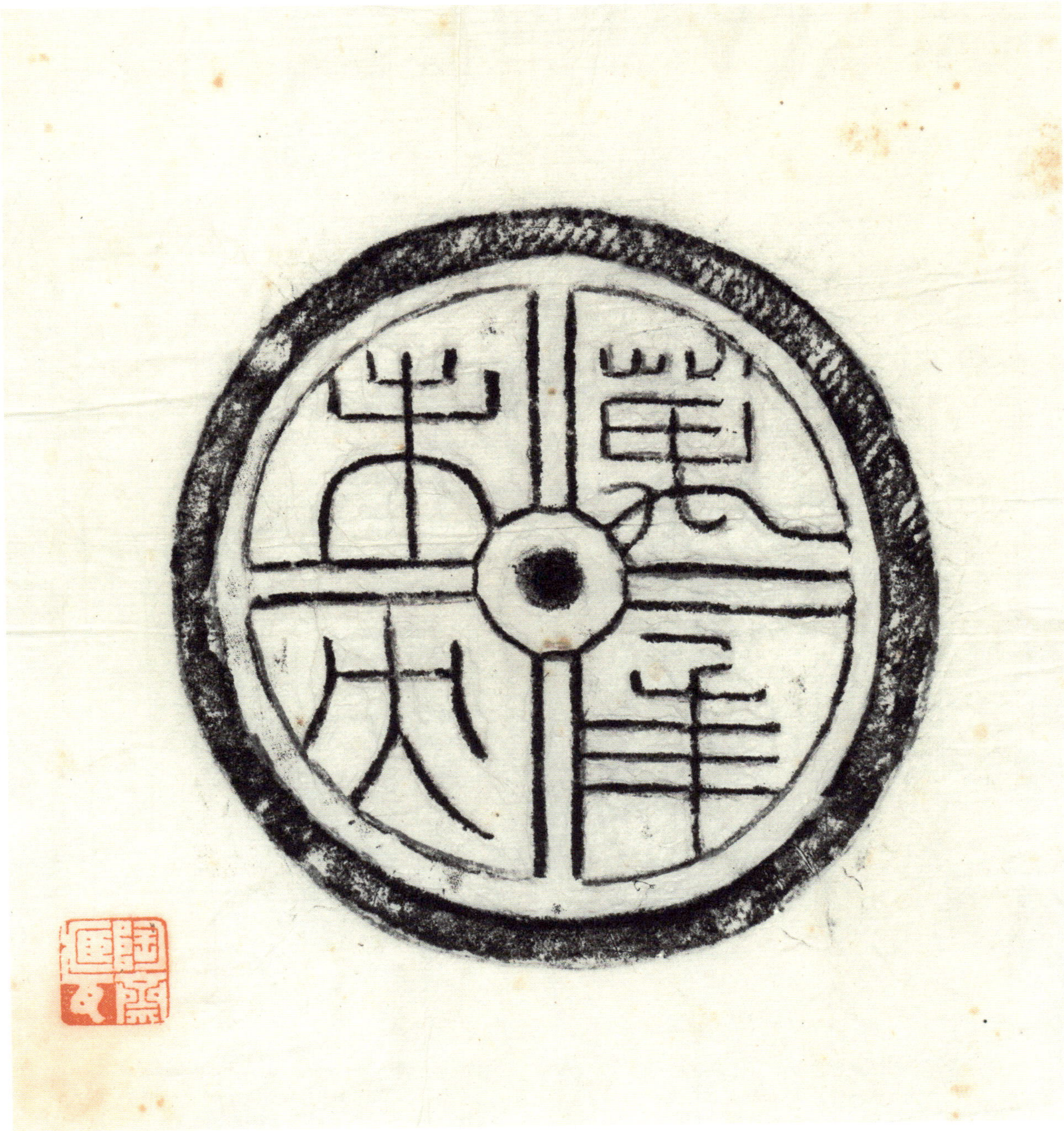

006　万年未央

· 汉
· 直径 11.7cm
· 圆形
· 左下钤“陶斋藏瓦”白文印

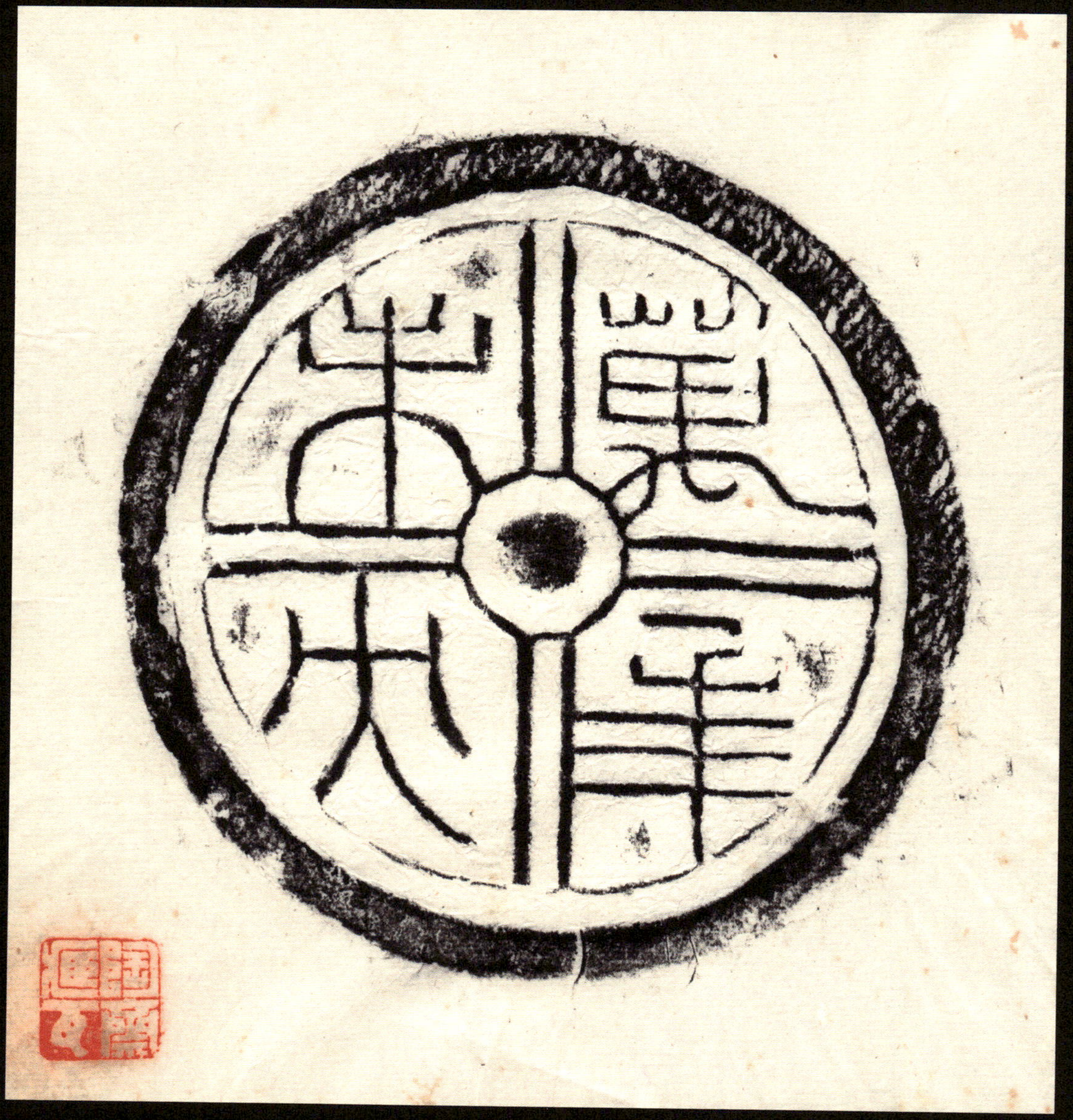

007　万年未央

· 汉
· 直径 11.7cm
· 圆形
· 左下钤"陶斋藏瓦"白文印

008　万岁利口(残)

· 汉
· 直径 14.1cm
· 圆形
· 右上半残
· 左钤“陶斋”白文印,“秦汉瓦室藏瓦”朱文印

009　大万乐当

·直径 15.3cm

·圆形

·左下钤“陶斋藏瓦”白文印

010　千秋

· 汉
· 直径 16cm
· 圆形
· 左下钤“陶斋藏瓦”白文印

011 千秋

· 汉
· 直径 15.7cm
· 圆形
· 左下钤"陶斋藏瓦"白文印

012　千秋(残)

· 汉
· 直径 16cm
· 圆形
· 左下钤"陶斋藏瓦"白文印

013　千秋

· 汉
· 直径 16cm
· 圆形
· 下半残
· 左下钤“陶斋藏瓦”白文印

014　千秋万岁

· 汉
· 直径 19cm
· 圆形
· 左上边轮残
· 左下钤“陶斋藏瓦”白文印

015 千秋万岁

·汉
·直径 19.5cm
·圆形
·右上边轮残
·左下钤“陶斋藏瓦”白文印

016　千秋万岁

· 汉
· 直径 18.8cm
· 圆形
· 左边轮残
· 左下钤“陶斋藏瓦”白文印

017　千秋万岁(残)

· 汉
· 直径 17cm
· 圆形
· 左、右有残
· 左下钤“陶斋藏瓦”白文印

018　千秋万岁

· 汉
· 直径 14.2cm
· 圆形
· 左下边轮残
· 左下钤“陶斋藏瓦”白文印

019　千秋万岁

· 汉
· 直径 16cm
· 圆形
· 左下钤“陶斋藏瓦”白文印

020　千秋万岁

· 汉
· 直径 14.5cm
· 圆形
· 左下钤“陶斋藏瓦”白文印

021　千秋万岁

· 汉
· 直径 18.5cm
· 圆形
· 左下钤“陶斋藏瓦”白文印

022　千秋万岁

· 汉
· 直径 14.5cm
· 圆形
· 上、下边轮有残
· 左下钤“陶斋藏瓦”白文印

023　千秋万岁

· 汉
· 直径 11.5cm
· 圆形
· 边轮残
· 左下钤“陶斋藏瓦”白文印

024　千秋万岁

· 汉
· 直径 16.3cm
· 圆形
· 上边轮有残
· 左下钤“陶斋藏瓦”白文印

025　千秋万岁(残)

·汉
·直径 15.8cm
·圆形
·左半残，存“千”“秋”二字
·左下钤“陶斋藏瓦”白文印

026　千秋万岁

· 汉
· 直径16cm
· 圆形
· 左、右边轮皆有残
· 左下钤“陶斋藏瓦”白文印

027　千秋万岁

·汉
·直径 14cm
·圆形
·左下钤"陶斋藏瓦"白文印

028　千秋万岁

- 汉
- 直径 14.3cm
- 圆形
- 左下钤“陶斋藏瓦”白文印

029　千秋万岁

· 汉
· 直径13.6cm
· 圆形
· 左、上边轮有残
· 左下钤“陶斋藏瓦”白文印

030　千秋万岁(残)

· 汉
· 圆形
· 左、右、下皆残，存“秋”“万”二字

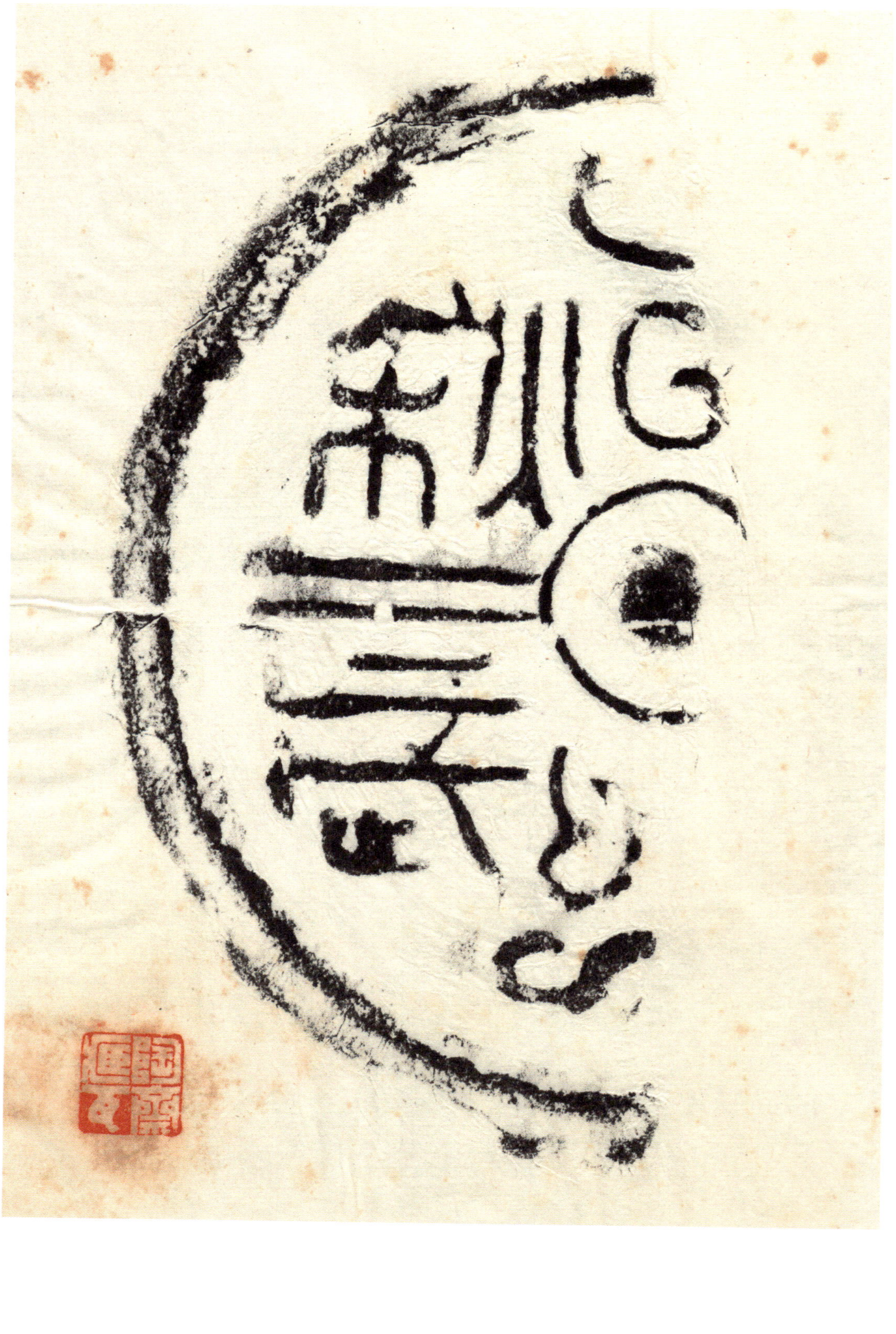

031　千秋万岁(残)

· 汉
· 直径 18cm
· 圆形
· 右半残,存“秋”“岁”二字
· 左下钤“陶斋藏瓦”白文印

032　千秋万岁(残)

· 汉
· 直径 19.3cm
· 圆形
· 上半残,存“秋”“岁”二字
· 左下钤“陶斋藏瓦”白文印

033　千秋万岁(残)

・汉
・直径 14cm
・圆形
・下半残,存“秋”“万”“岁”三字
・左下钤“陶斋藏瓦”白文印

034　千秋万岁

· 汉
· 直径 19cm
· 圆形
· 左上残
· 左下钤“陶斋藏瓦”白文印

035 千秋万岁

· 汉
· 直径 16cm
· 圆形
· 左下钤“陶斋藏瓦”白文印

036　千秋万岁

· 汉
· 直径 16cm
· 圆形
· 右边轮有残
· 左下钤“陶斋藏瓦”白文印

037　千秋万岁

· 汉
· 直径 17.6cm
· 圆形
· 左下钤“陶斋藏瓦”白文印

038　千秋万岁

· 汉
· 直径 16.8cm
· 圆形
· 右边轮残
· 左下钤“陶斋藏瓦”白文印

039 千秋万岁余未央

·汉
·直径 15cm
·圆形
·左下钤“陶斋藏瓦”白文印

040 千秋万世

· 汉
· 直径 14.5cm
· 圆形
· 下边轮残
· 左下钤“陶斋藏瓦”白文印

041　千秋万世

· 汉
· 直径 16.4cm
· 圆形
· 左下钤"陶斋藏瓦"白文印

042　千秋万世

· 汉
· 直径 15.3cm
· 圆形
· 右边轮有残
· 左下钤“陶斋藏瓦”白文印

043　千秋万世

· 汉
· 直径 11.5cm
· 圆形
· 左下钤“陶斋藏瓦”白文印

044　千秋无极登高(残)

- 汉
- 直径 11.5cm
- 圆形
- 右下半残
- 右下钤“风雨楼藏甓”朱文印

045　千秋利君

·汉
·直径14.6cm
·圆形
·左下钤"陶斋藏瓦"白文印

046　千秋利君

- 汉
- 直径 14.6cm
- 圆形
- 左下钤“陶斋藏瓦”白文印

047　千秋利君长延年

·汉
·直径 18cm
·圆形
·左下钤“陶斋藏瓦”白文印

048　与天

· 汉
· 直径 18cm
· 圆形
· 下边轮有残
· 左下钤“陶斋藏瓦”白文印

049　与天无极

· 汉
· 直径 19.2cm
· 圆形
· 左下钤“陶斋藏瓦”白文印

050　与天无极

- 汉
- 直径 14.5cm
- 圆形
- 边轮残
- 左下钤“陶斋藏瓦”白文印

051 与天无极

· 汉
· 直径 19cm
· 圆形
· 右上、左下边轮有残
· 左下钤“陶斋藏瓦”白文印

052　与天无极

· 汉
· 直径 15.4cm
· 圆形
· 右上边轮有残
· 左下钤“陶斋藏瓦”白文印

053　与天久长

· 汉
· 直径 18.6cm
· 圆形
· 上边轮残
· 左下钤“陶斋藏瓦”白文印

054　亿年无疆

· 汉
· 直径 17cm
· 圆形
· 左下钤“陶斋藏瓦”白文印

055　亿年无疆

·汉
·直径 16.6cm
·圆形
·左下钤“陶斋藏瓦”白文印

056　亿年无疆

· 汉
· 直径 16.1cm
· 圆形
· 钤“陶斋”白文印,“秦汉藏瓦室藏瓦”朱文印

057 亿年无疆(残)

· 汉
· 直径 13cm
· 圆形
· 边轮及下半皆残

058　五谷满仓

· 汉
· 直径 17cm
· 圆形
· 右上边轮残
· 左下钤“陶斋藏瓦”白文印

059 长川未央

· 汉
· 直径 13cm
· 圆形
· 左下钤"陶斋藏瓦"白文印

060　长久乐哉冢

· 汉
· 直径 17.5cm
· 圆形
· 左下钤“陶斋藏瓦”白文印

061 长毋相忘

- 汉
- 直径 15.2cm
- 圆形
- 右边轮有残
- 左下钤“陶斋藏瓦”白文印

062　长毋相忘

· 汉
· 直径 14.8cm
· 圆形
· 左下钤“陶斋藏瓦”白文印

063　长毋相忘

· 汉
· 直径 15.1cm
· 圆形
· 钤“陶斋”白文印、“秦汉藏瓦室藏瓦”朱文印

064　长生无极

· 汉
· 直径 17.7cm
· 圆形

065　长生无极

· 汉
· 直径 18cm
· 圆形
· 左下钤“陶斋藏瓦”白文印

066　长生无极

· 汉
· 直径 18cm
· 圆形
· 左下钤“陶斋藏瓦”白文印

067　长生无极

· 汉
· 直径 18.2cm
· 圆形
· 左下钤“陶斋藏瓦”白文印

068　长生无极

・汉
・直径 17.5cm
・圆形
・左下钤“陶斋藏瓦”白文印

069　长生无极

·汉
·直径 17cm
·圆形
·左下钤"陶斋藏瓦"白文印

070　长生无极

- 汉
- 直径 17cm
- 圆形
- 左下钤“陶斋藏瓦”白文印

071 长生无极

· 汉
· 直径 17.3cm
· 圆形
· 左下钤“陶斋藏瓦”白文印

072　长生无极

· 汉
· 直径 17.3cm
· 圆形
· 上边轮残
· 左下钤“陶斋藏瓦”白文印

073　长生无极

·汉

·直径 20cm

·圆形

·上边轮有残

·左下钤“陶斋藏瓦”白文印

074　长生未央

· 汉
· 直径 20cm
· 圆形
· 左、右、上边轮残
· 左下钤“陶斋藏瓦”白文印

075 长生未央

· 汉
· 直径 15.4cm
· 圆形
· 左下钤“陶斋藏瓦”白文印

076　长生未央

· 汉
· 直径 16.8cm
· 圆形
· 上半边轮残
· 左下钤“陶斋藏瓦”白文印

077　长生未央

· 汉
· 直径17.8cm
· 圆形
· 左下钤“陶斋藏瓦”白文印

078　长生未央

· 汉
· 直径 19.8cm
· 圆形
· 左下钤“陶斋藏瓦”白文印

079　长生未央

· 汉
· 直径 16cm
· 圆形
· 左半、右下边轮残
· 左下钤“陶斋藏瓦”白文印

080　长生乐哉

· 汉
· 直径 15.8cm
· 圆形
· 左下钤“陶斋藏瓦”白文印

081　长乐未央

· 汉
· 直径 19cm
· 圆形
· 右、上边轮残

082　长乐未央

· 汉
· 直径 19cm
· 圆形
· 左上边轮有残
· 左下钤“陶斋藏瓦”白文印

083　长乐未央

- 汉
- 直径 19.4cm
- 圆形
- 左下钤“陶斋藏瓦”白文印

084　长乐未央

· 汉
· 直径 19.4cm
· 圆形
· 左上残
· 左下钤“陶斋藏瓦”白文印

085　长乐未央

·汉
·直径 20.8cm
·圆形
·左下钤“陶斋藏瓦”白文印

086 长乐未央

· 汉
· 直径 19cm
· 圆形
· 右边轮有残
· 左下钤“陶斋藏瓦”白文印

087　长乐未央

· 汉
· 直径 15.4cm
· 圆形
· 左下钤“陶斋藏瓦”白文印

088　长乐未央

· 汉
· 直径 19.6cm
· 圆形
· 左下钤“陶斋藏瓦”白文印

089　长乐未央

·汉
·直径 16.8cm
·圆形
·左下钤“陶斋藏瓦”白文印

090　长乐未央

· 汉
· 直径 15cm
· 圆形
· 右下边轮残
· 左下钤“陶斋藏瓦”白文印

091　长乐未央

· 汉
· 直径 16cm
· 圆形
· 下边轮残
· 左下钤“陶斋藏瓦”白文印

092　长乐未央

・汉
・直径16cm
・圆形
・上、下边轮有残
・左下钤"陶斋藏瓦"白文印

093　长乐未央

·汉
·直径 15.3cm
·圆形
·上半边轮残
·左下钤“陶斋藏瓦”白文印

094　长乐未央

· 汉
· 直径 15.2cm
· 圆形
· 左下钤“陶斋藏瓦”白文印

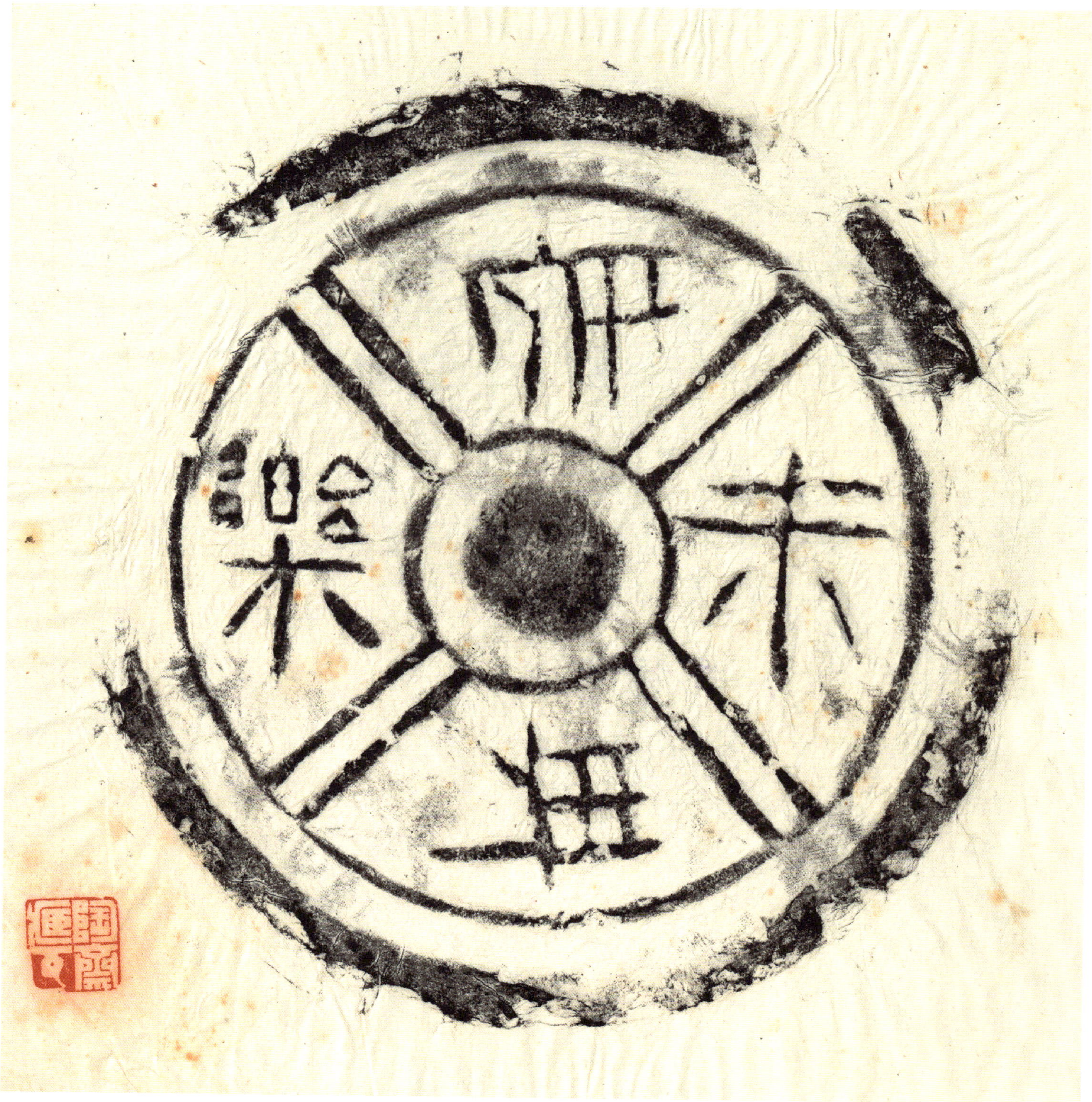

095　长乐未央

·汉
·直径 17cm
·圆形
·左、右边轮皆有残
·左下钤“陶斋藏瓦”白文印

096　长乐未央(残)

· 汉
· 直径 13cm
· 圆形
· 右上、边轮残
· 左下钤“陶斋藏瓦”白文印

097　长宜子孙(残)

·汉
·直径 13.6cm
·圆形
·下半残
·左下钤“陶斋藏瓦”白文印

098　未央(残)

· 汉
· 直径 13.6cm
· 圆形
· 上半残
· 左下钤“陶斋藏瓦”白文印

099　永奉无疆

·汉

·直径 19.5cm

·圆形

·左下钤“陶斋藏瓦”白文印

100　永奉无疆

· 汉
· 直径 15.4cm
· 圆形
· 左下钤“陶斋藏瓦”白文印

101　永奉无疆

· 汉
· 直径 15.6cm
· 圆形
· 左下钤“陶斋藏瓦”白文印

102　永奉无疆

- 汉
- 直径 15.8cm
- 圆形
- 左下钤“陶斋藏瓦”白文印

103 永奉无疆

· 汉
· 直径 16.8cm
· 圆形
· 上边轮残
· 左下钤“陶斋藏瓦”白文印

104　永奉无疆

· 汉
· 直径 17.5cm
· 圆形
· 下边轮残
· 左下钤“陶斋藏瓦”白文印

105 永受嘉福

· 汉
· 直径 16cm
· 圆形
· 左下钤“陶斋藏瓦”白文印

106　永受嘉福

· 汉
· 直径 15.8cm
· 圆形
· 上边轮残
· 左下钤“陶斋藏瓦”白文印

107　永受嘉福

·汉
·直径16cm
·圆形
·左下钤“陶斋藏瓦”白文印

108　永受嘉福

· 汉
· 直径 15.2cm
· 圆形
· 上边轮残
· 钤“陶斋”白文印，“秦汉藏瓦室藏瓦”朱文印

109　延年延年

·汉
·直径 14cm
·圆形
·边轮残
·左下钤“陶斋藏瓦”白文印

110　延年延年(残)

· 汉
· 直径 13cm
· 圆形
· 下半残
· 左下钤“陶斋藏瓦”白文印

111　延年延年(残)

·汉
·直径 16cm
·圆形
·下半残
·左下钤“陶斋藏瓦”白文印

112　延寿万岁

・汉
・直径 17cm
・圆形
・左下钤“陶斋藏瓦”白文印

113 延寿万岁

· 汉
· 直径 18cm
· 圆形
· 左下钤“陶斋藏瓦”白文印

114　延寿万岁

· 汉
· 直径 17.5cm
· 圆形
· 上边轮残

115　延寿万岁

· 汉
· 直径 16.8cm
· 圆形
· 上半边轮残
· 左下钤“陶斋藏瓦”白文印

116　延寿万岁常与天久长

· 汉
· 直径 18cm
· 圆形
· 左下钤“陶斋藏瓦”白文印

117　延寿万岁常与天久长

· 汉
· 直径 16cm
· 圆形
· 左下钤“陶斋藏瓦”白文印

118　延寿长相思

· 汉
· 直径 16.7cm
· 圆形
· 边轮残
· 右下钤“陶斋藏瓦”白文印

119　延年益寿

・汉
・直径 16cm
・圆形
・边轮残
・左下钤“陶斋藏瓦”白文印

120　延年益寿

・汉
・直径 20.4cm（原寸缩小 10%）
・圆形
・右上边轮残
・左下钤“陶斋藏瓦”白文印

121　延年益寿

·汉
·直径 19.6cm（原寸缩小 10%）
·圆形
·右上边轮有残
·左下钤“陶斋藏瓦”白文印

122　延年益寿

· 汉
· 直径 16cm
· 圆形
· 边轮残
· 左下钤“陶斋藏瓦”白文印

123 延年益寿

· 汉
· 直径 12cm
· 圆形
· 边轮残
· 左下钤“陶斋藏瓦”白文印

124　延年益寿

· 汉
· 直径 15.5cm
· 圆形
· 上边轮残
· 左下钤“陶斋藏瓦”白文印

125　吉利昌官

· 汉
· 直径 11cm
· 圆形
· 左下钤“陶斋藏瓦”白文印

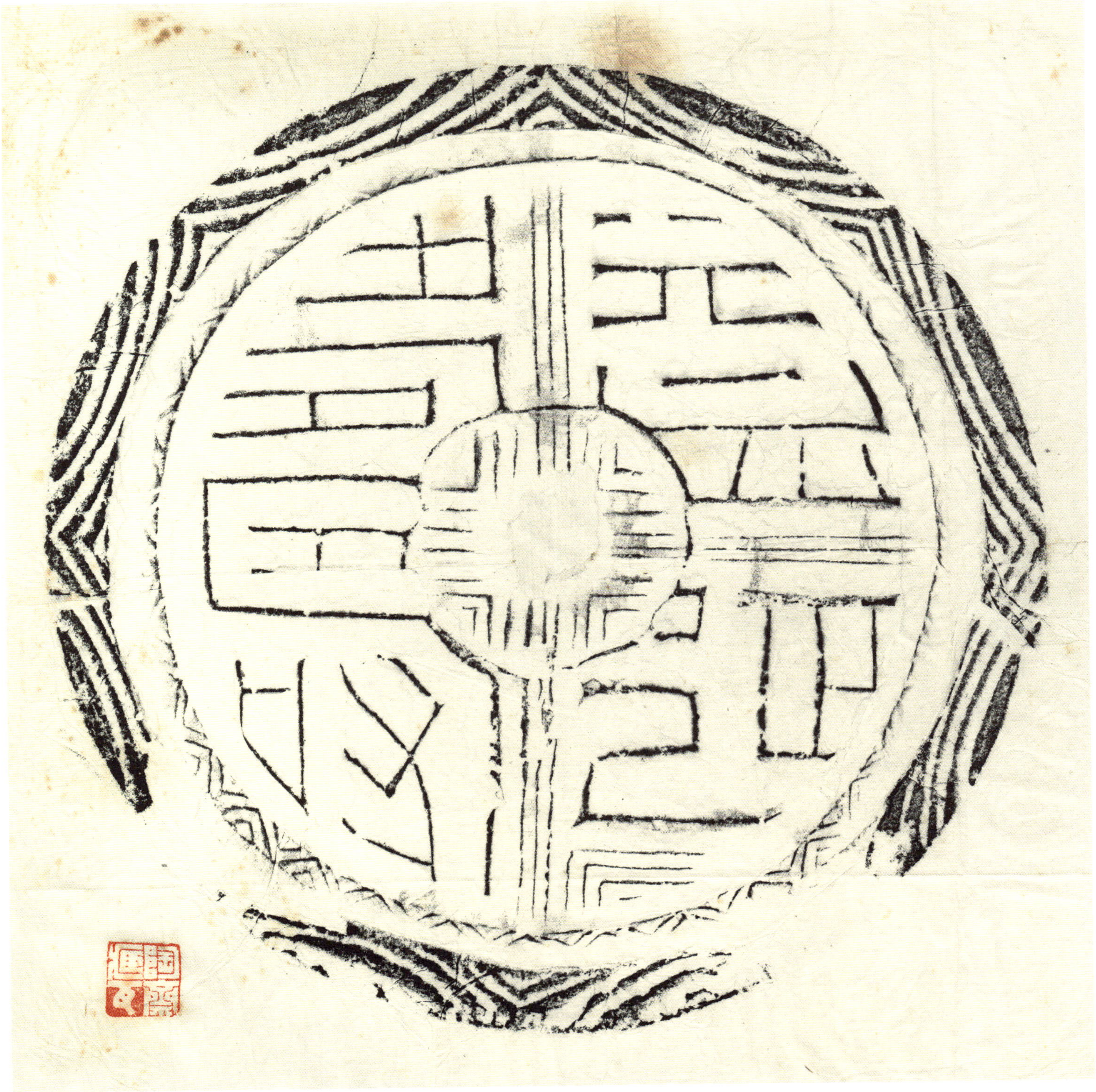

126　益延寿

· 汉
· 直径 22cm（原寸缩小 20%）
· 圆形
· 下半边轮残
· 左下钤“陶斋藏瓦”白文印

127 安乐未央

· 汉
· 直径 15cm
· 圆形
· 边轮残
· 左下钤“陶斋藏瓦”白文印

128　安乐未央

· 汉
· 直径 15cm
· 圆形
· 右边轮残
· 左下钤“陶斋藏瓦”白文印

129 安乐富贵

· 汉
· 直径 15.5cm
· 圆形
· 上半边轮残
· 左下钤“陶斋藏瓦”白文印

130　寿老无极

- 汉
- 直径 15cm
- 圆形
- 上边轮残
- 左下钤“陶斋藏瓦”白文印

131　君王富利

·汉
·直径 14.2cm
·圆形
·右边轮残
·左下钤“陶斋藏瓦”白文印

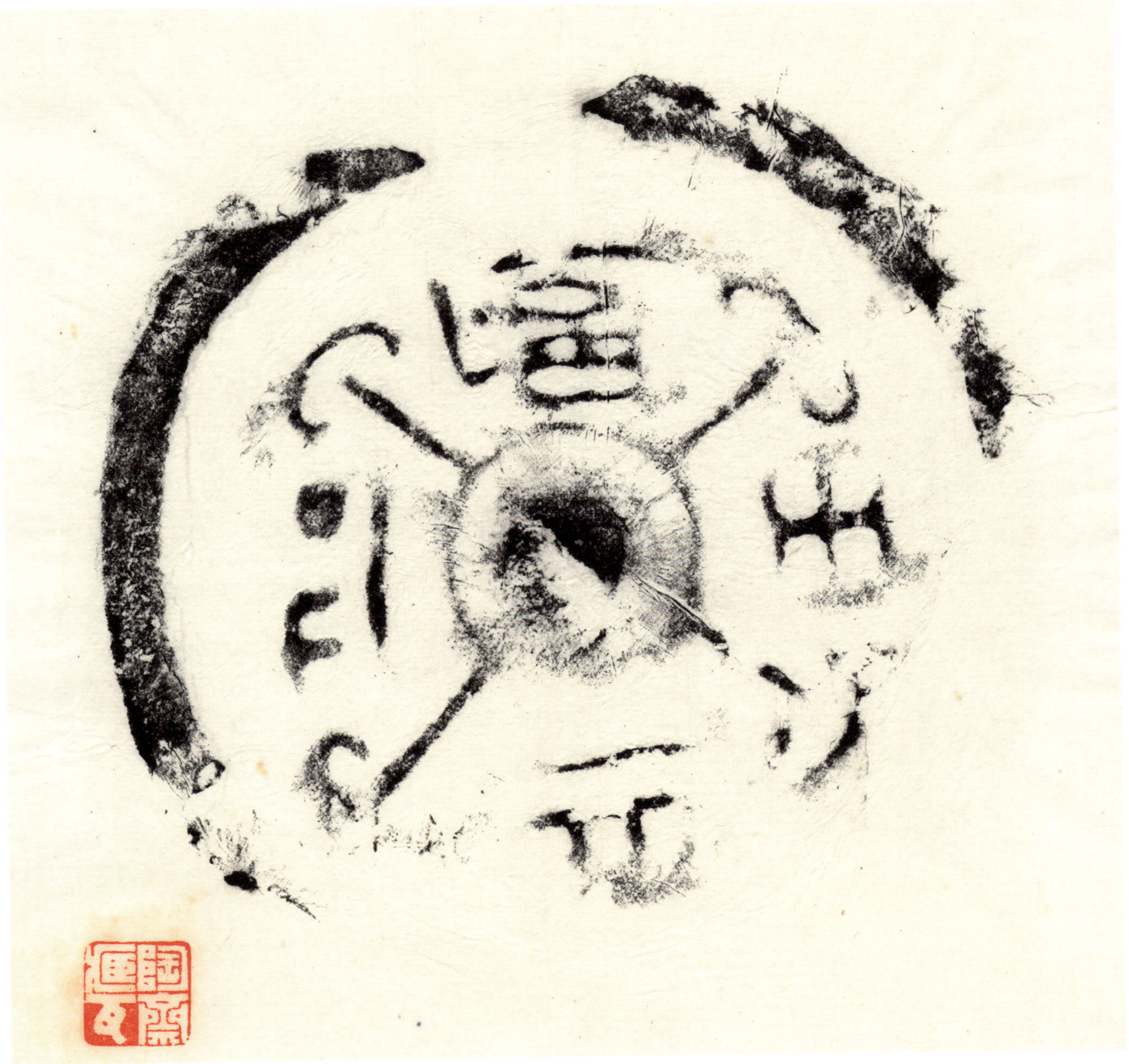

132　君王富利

· 汉
· 直径 15cm
· 圆形
· 右下残
· 左下钤“陶斋藏瓦”白文印

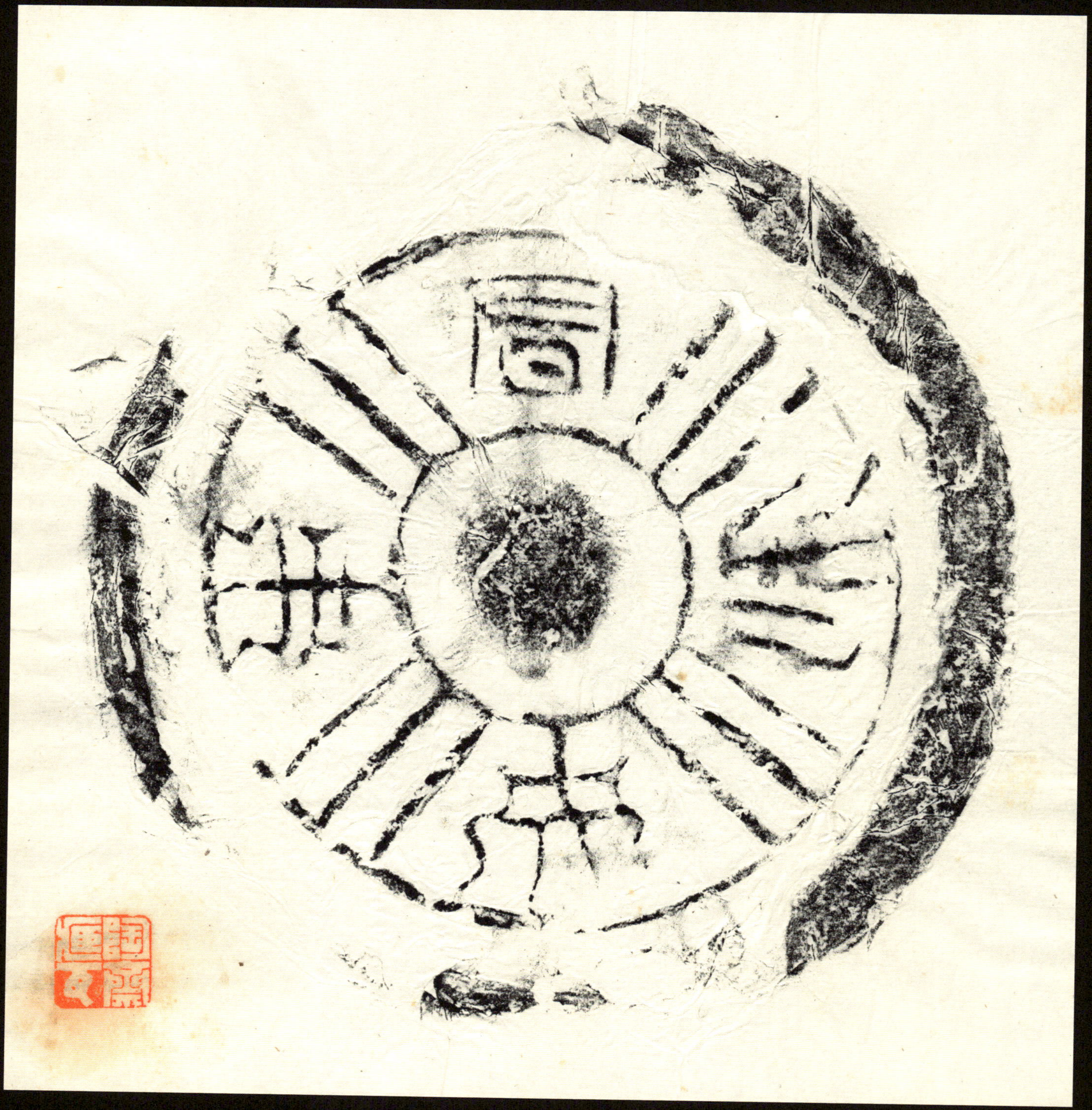

133　利昌未央

· 汉
· 直径 15.6cm
· 圆形
· 上、下边轮残
· 左下钤"陶斋藏瓦"白文印

134　饮酒宜侯王富□昌(残)

· 汉
· 直径 16cm
· 圆形
· 下边残
· 左下钤“陶斋藏瓦”白文印

135　宜官大吉

· 汉
· 直径 14cm
· 圆形
· 左下钤“陶斋藏瓦”白文印

136　宜金钱当

· 汉
· 直径 15cm
· 圆形
· 左上边轮残
· 左下钤"陶斋藏瓦"白文印

137　宜富贵千金当

· 汉
· 直径 15.2cm
· 圆形
· 上边轮残
· 左下钤“陶斋藏瓦”白文印

138　维天降灵延元万年天下康宁

· 汉
· 直径 17.6cm
· 圆形
· 左下钤“陶斋藏瓦”白文印

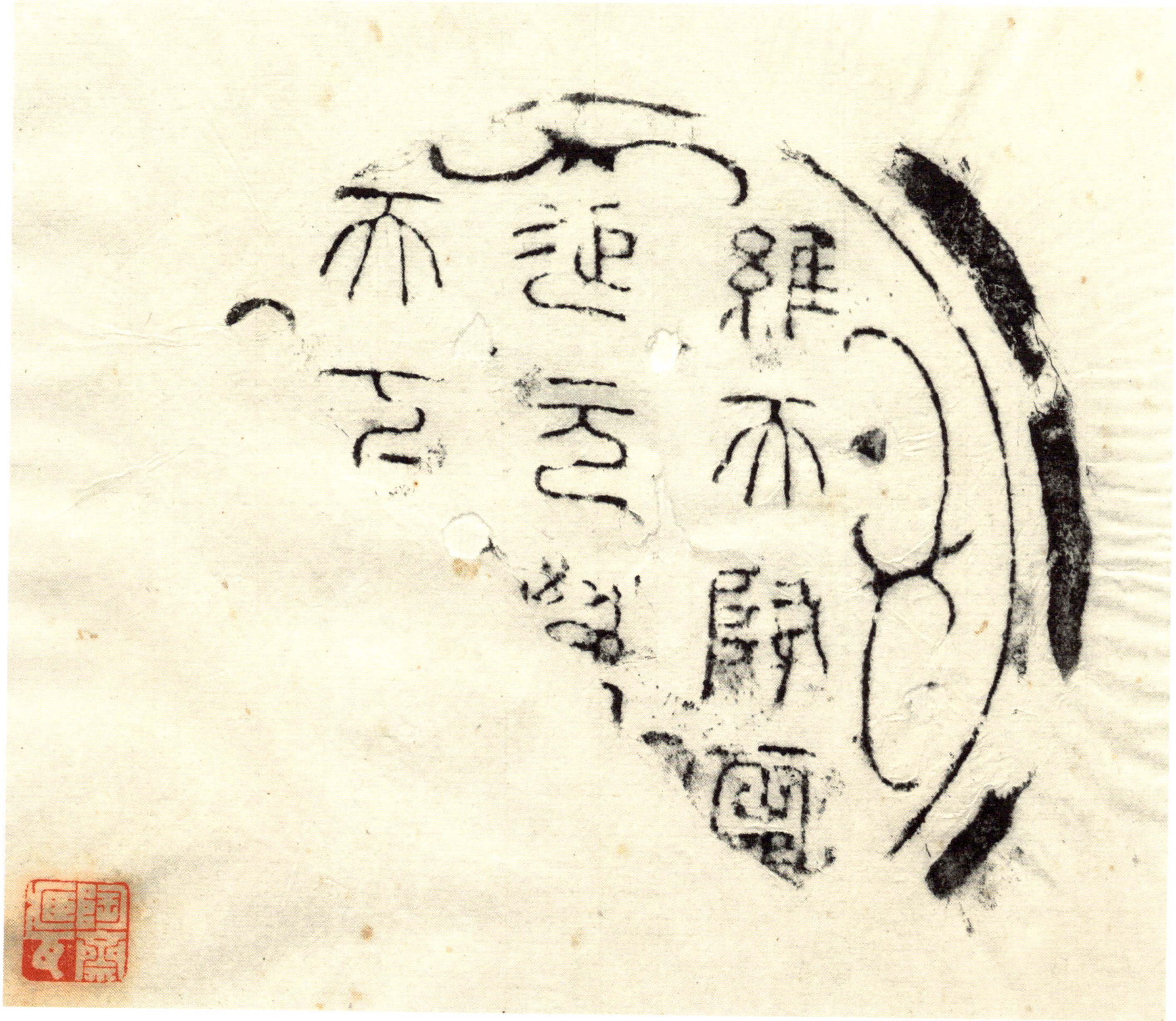

139　维天降灵延元万年天下康宁(残)

·汉
·直径 15.5cm
·圆形
·左下半残
·左下钤“陶斋藏瓦”白文印

140　维天降灵延元万年天下康宁（残）

· 汉
· 直径 16.2cm
· 圆形
· 下半残
· 左下钤“陶斋藏瓦”白文印

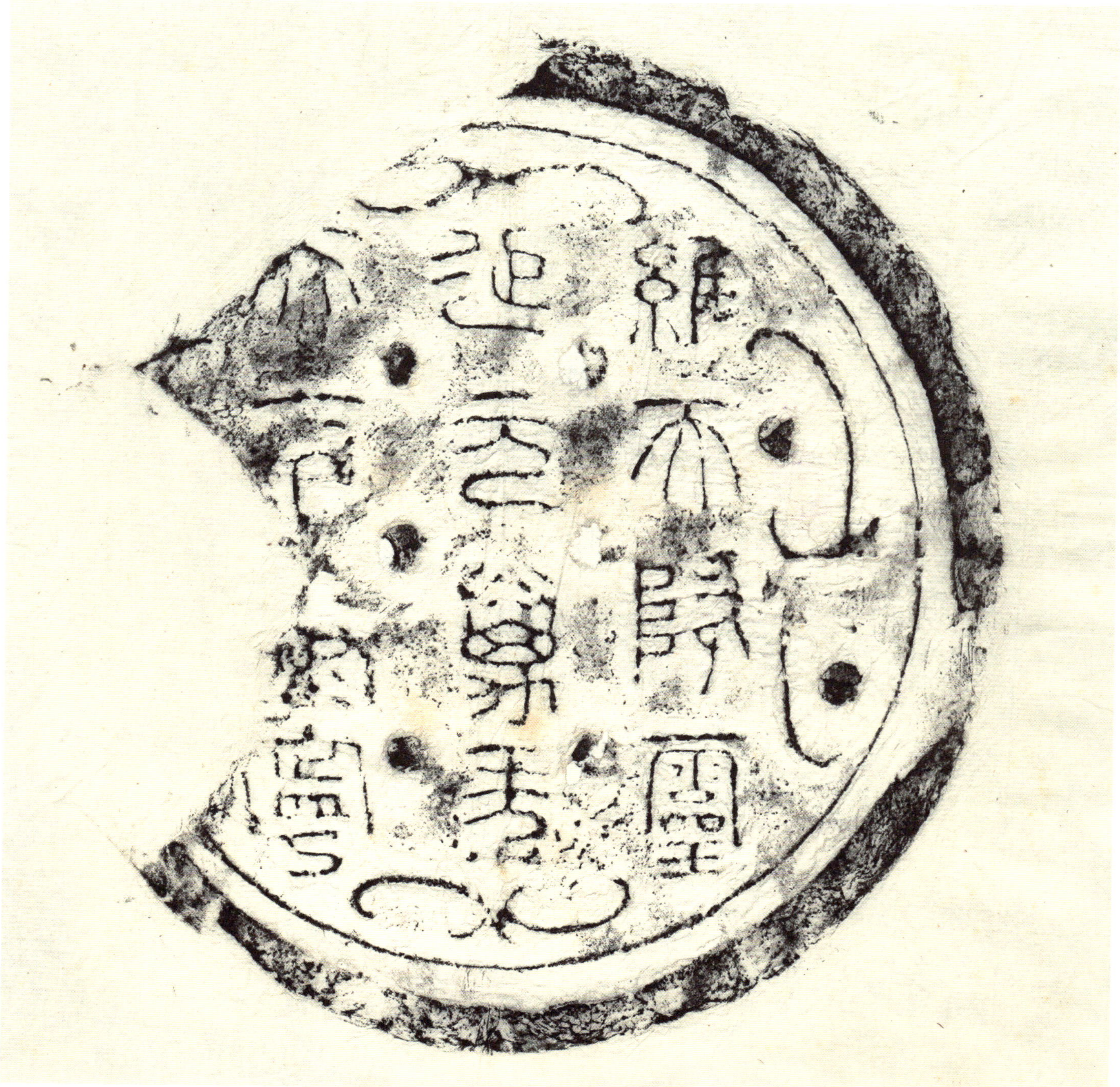

141 维天降灵延元万年天下康宁(残)

· 汉
· 直径 17cm
· 圆形
· 左边残
· 左下钤“陶斋藏瓦”白文印

142　高安万世

· 汉
· 直径 15.6cm
· 圆形

143　高安万世

· 汉
· 直径 15.6cm
· 圆形
· 左下钤“陶斋藏瓦”白文印

144　高安万世

· 汉
· 直径 15.6cm
· 圆形
· 左下钤“陶斋藏瓦”白文印

145　常生无极

· 汉
· 直径 16.4cm
· 圆形
· 右上边轮有残
· 左下钤“陶斋藏瓦”白文印

146　富昌未央

- 汉
- 直径 11.5cm
- 圆形
- 边轮残
- 左下钤“陶斋藏瓦”白文印

147　常生无极

·汉
·直径 16.6cm
·圆形
·左下钤“陶斋藏瓦”白文印

148　不鸾（残）

· 汉
· 圆形
· 左、右、下皆残
· 左下钤“陶斋藏瓦”白文印

149　汉并天下

· 汉
· 直径 13cm
· 圆形
· 边轮残
· 左下钤“陶斋藏瓦”白文印

150 汉并天下

· 汉
· 直径 16.5cm
· 圆形
· 左下钤“陶斋藏瓦”白文印

151　汉并天下

·汉
·直径 14cm
·圆形
·边轮残
·左下钤“陶斋藏瓦”白文印

152　汉并天下

・汉
・直径 16.8cm
・圆形
・上半边轮残
・左下钤“陶斋藏瓦”白文印

153　汉并天下

· 汉
· 直径 16.5cm
· 圆形
· 左下钤“陶斋藏瓦”白文印

154　汉并天下

· 汉
· 直径16.5cm
· 圆形
· 上、下、右边轮残
· 左下钤“陶斋藏瓦”白文印

155 汉并天下

· 汉
· 直径 16.5cm
· 圆形
· 上、右边轮有残
· 左下钤“陶斋藏瓦”白文印

156　汉并天下

・汉
・直径 16cm
・圆形
・左下钤“陶斋藏瓦”白文印

157 汉并天下

·汉
·直径 16cm
·圆形
·右边轮残
·左下钤“陶斋藏瓦”白文印

158　始造番春(残)

- 汉
- 直径 16.4cm
- 圆形
- 左下及边轮残
- 左下钤“陶斋藏瓦”白文印

159 八风寿存当

· 汉
· 直径 15.3cm
· 圆形
· 左下钤“陶斋藏瓦”白文印

160　八风寿存当

・汉
・直径 15.5cm
・圆形

161　八风寿存当

· 汉
· 直径 15.5cm
· 圆形
· 左下钤“陶斋藏瓦”白文印

162　八风寿存当

· 汉
· 直径 15.8cm
· 圆形
· 左下钤“陶斋藏瓦”白文印

163 八风寿存当

· 汉
· 直径 15.5cm
· 圆形
· 上、右边轮残
· 左下钤“陶斋藏瓦”白文印

164　上林

- 汉
- 直径 14.4cm
- 圆形
- 左下钤“陶斋藏瓦”白文印

165　上林

·汉
·直径 17.2cm
·圆形
·左下钤“陶斋藏瓦”白文印

166　上林

・汉

・直径 17cm

・圆形

・左下钤“陶斋藏瓦”白文印

167　上林

· 汉
· 直径 15.2cm
· 半圆形
· 左下钤“陶斋藏瓦”白文印

168　上林

· 汉
· 直径 14.5cm
· 半圆形
· 左下钤“陶斋藏瓦”白文印

169　上林

- 汉
- 直径 14.3cm
- 半圆形
- 左下钤“陶斋藏瓦”白文印

170　上林(残)

・汉
・直径 16.5cm
・圆形
・左上残
・左下钤“陶斋藏瓦”白文印

171 上林

- 汉
- 直径14.5cm
- 圆形
- 右上及下边轮残
- 左下钤“陶斋藏瓦”白文印

172　石室朝神宫

· 汉
· 直径 15.7cm
· 圆形
· 左下钤“陶斋藏瓦”白文印

173　石室朝神宫

· 汉
· 直径 15.2cm
· 圆形
· 左下钤“陶斋藏瓦”白文印

174　甘林

- 汉
- 直径 14.7cm
- 圆形
- 左下钤“陶斋藏瓦”白文印

175 甘林

·汉
·直径15cm
·圆形
·左下钤“陶斋藏瓦”白文印

176　甘林

· 汉
· 直径 15cm
· 圆形
· 左下钤“陶斋藏瓦”白文印

177　甘林

- 汉
- 直径 12.7cm
- 圆形
- 边轮残
- 左下钤“陶斋藏瓦”白文印

178 甘林

· 汉
· 直径 12.6cm
· 圆形
· 边轮残
· 左下钤“陶斋藏瓦”白文印

179　甘泉上林

·汉
·直径16cm
·圆形
·左边轮残
·左下钤“陶斋藏瓦”白文印

180　平乐阿宫

· 汉
· 直径 15.3cm
· 圆形
· 左边轮残
· 左下钤“陶斋藏瓦”白文印

181　平乐阿宫

·汉
·直径 15.3cm
·圆形
·上半残
·左下钤“陶斋藏瓦”白文印

182　成山

· 汉
· 直径 15.5cm
· 圆形
· 左下钤“陶斋藏瓦”白文印

183　岁则初宫

· 汉
· 直径 16cm
· 圆形
· 左边轮残
· 左下钤"陶斋藏瓦"白文印

184　羽阳千岁

· 汉
· 直径 17cm
· 圆形
· 左下钤“陶斋藏瓦”白文印

185　羽阳千岁

·汉
·直径 17.5cm
·圆形
·左下钤“陶斋藏瓦”白文印

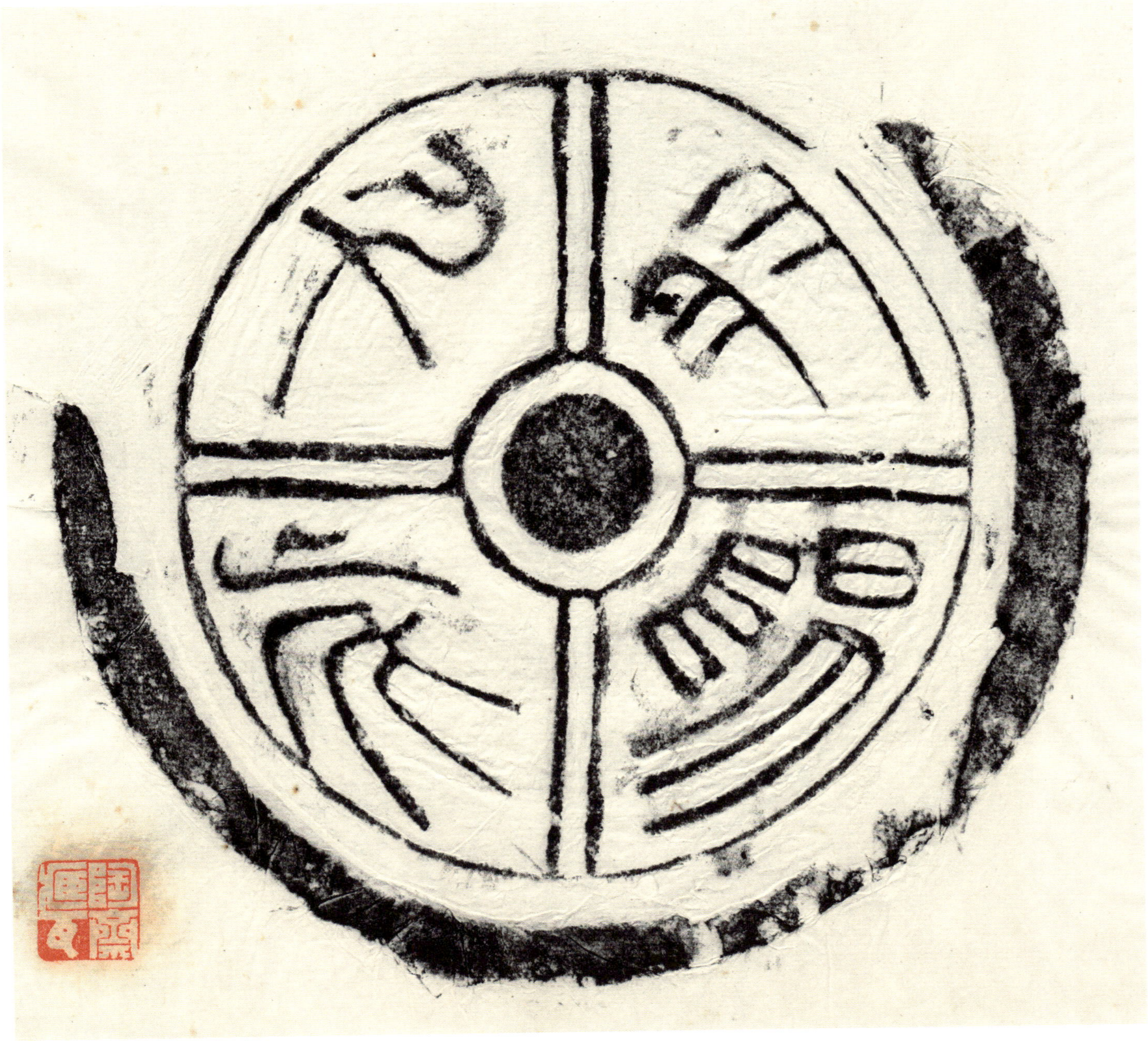

186　羽阳千岁

· 汉
· 直径 16.6cm
· 圆形
· 上边轮残
· 左下钤“陶斋藏瓦”白文印

187　羽阳万岁

· 汉
· 直径 17cm
· 圆形
· 左下钤“陶斋藏瓦”白文印

188　羽阳万岁

· 汉
· 直径 16.6cm
· 圆形
· 左下钤“陶斋藏瓦”白文印

189 羽阳临渭

· 汉
· 直径 15.3cm
· 圆形
· 左下钤“陶斋藏瓦”白文印

190　羽阳临渭(残)

· 汉
· 直径 15.3cm
· 圆形
· 残下半，存“羽”“临”二字
· 左下钤“陶斋藏瓦”白文印

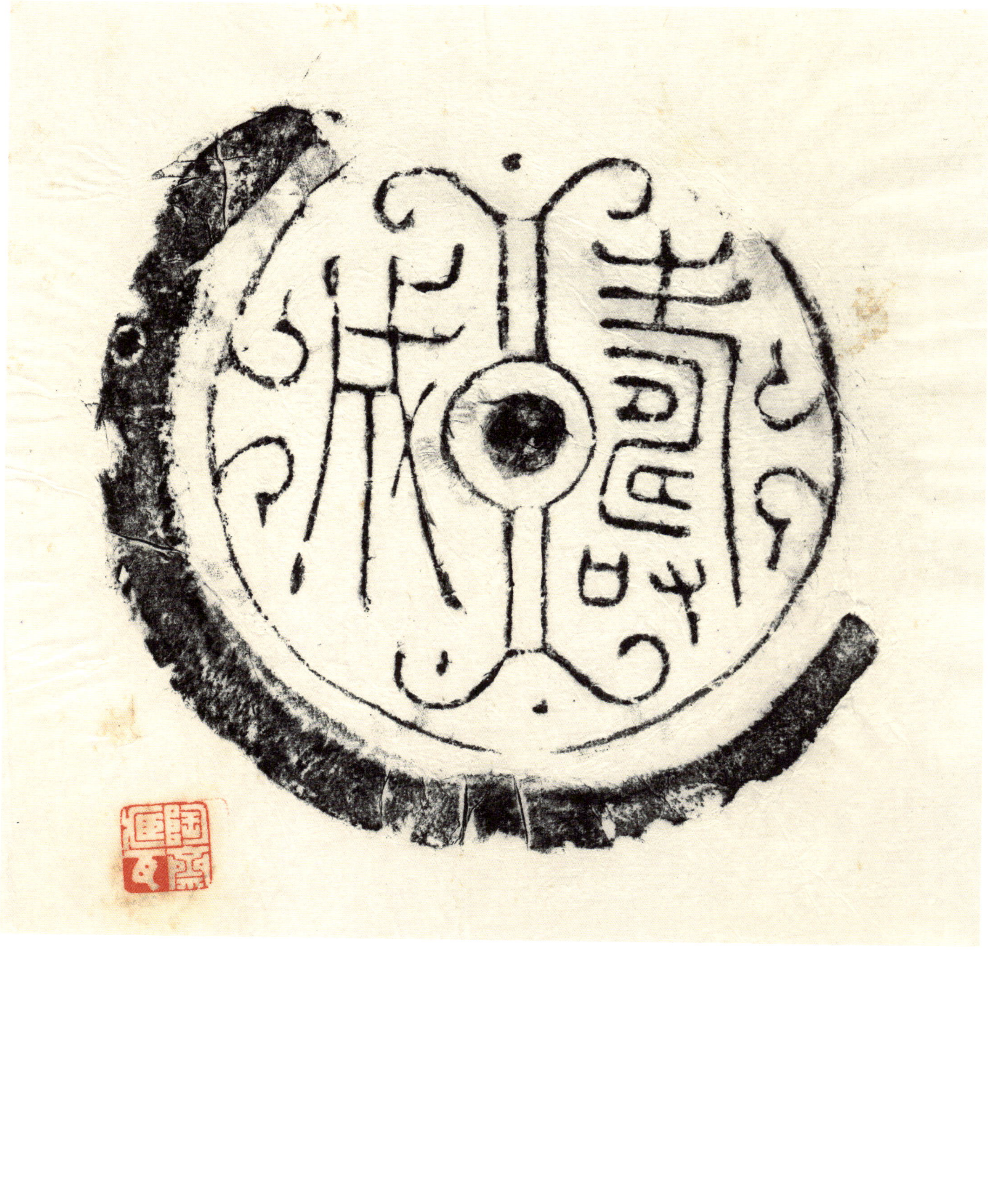

191 寿成

·汉
·直径 16cm
·圆形
·右上边轮残
·左下钤“陶斋藏瓦”白文印

192　孝大(太)后寝(残)

· 汉
· 直径 16.6cm
· 圆形
· 左半残,存“孝”“大(太)”二字
· 左下钤“陶斋藏瓦”白文印

193 建章

· 汉
· 直径 15.5cm
· 半圆形
· 左下钤“陶斋藏瓦”白文印

194　便

· 汉
· 直径 14.8cm
· 圆形
· 左下钤“陶斋藏瓦”白文印

195　便

·汉
·直径 15.2cm
·圆形
·上边轮残
·左下钤“陶斋藏瓦”白文印

196　便

· 汉
· 直径 16cm
· 圆形
· 左下钤“陶斋藏瓦”白文印

197 便

·汉
·直径 16.2cm
·圆形
·左上边轮残
·左下钤“陶斋藏瓦”白文印

198　便

· 汉
· 直径 14.5cm
· 圆形
· 左下钤“陶斋藏瓦”白文印

199 宫

· 汉
· 直径 15.8cm
· 圆形
· 左下钤“陶斋藏瓦”白文印

200　泰灵嘉神

· 汉
· 直径 16.7cm
· 圆形
· 左下钤“陶斋藏瓦”白文印

201　泰灵嘉神

· 汉
· 直径 14.6cm
· 圆形
· 上边轮残
· 左下钤“陶斋藏瓦”白文印

202　泰灵嘉神

· 汉
· 直径 14.7cm
· 圆形
· 边轮残
· 左下钤“陶斋藏瓦”白文印

203　梁氏殿当

·汉
·直径 15cm
·圆形
·左下钤“陶斋藏瓦”白文印

204　朔阳朝阳

· 汉
· 直径 16cm
· 圆形
· 左下钤“陶斋藏瓦”白文印

205　鼎胡延寿宫

·汉
·直径 17.5cm
·圆形
·上边轮残
·左下钤“陶斋藏瓦”白文印

206　鼎胡延寿宫

· 汉
· 直径 16.2cm
· 圆形
· 左下边轮残
· 左下钤“陶斋藏瓦”白文印

207　鼎胡延寿宫

· 汉
· 直径 12.5cm
· 圆形
· 边轮残
· 左下钤"陶斋藏瓦"白文印

208　鼎胡延寿保(残)

· 汉
· 直径 16.8cm
· 圆形
· 左下、右上残
· 左下钤“陶斋藏瓦”白文印

209　橐泉宫当

·汉
·直径16cm
·圆形
·左下钤“陶斋藏瓦”白文印

210 卫

· 秦
· 直径 15.2cm
· 圆形
· 左下钤"陶斋藏瓦"白文印

211 卫

· 汉
· 直径 11cm
· 圆形
· 左下钤“陶斋藏瓦”白文印

212 卫

· 汉
· 直径 13.5cm
· 圆形
· 上边轮有残
· 左下钤“陶斋藏瓦”白文印

213 卫

·汉
·直径 14.5cm
·圆形
·边轮残
·左下钤"陶斋藏瓦"白文印

214 卫

・汉
・直径 15.5cm
・圆形
・左下钤“陶斋藏瓦”白文印

215 卫

·汉
·直径 14.3cm
·圆形
·上边轮残
·左下钤“陶斋藏瓦”白文印

216　卫(残)

· 汉
· 直径 14.2cm
· 圆形
· 上边残
· 左下钤“陶斋藏瓦”白文印

217 卫

·汉
·直径 15cm
·圆形
·上边残
·左下钤“陶斋藏瓦”白文印

218 卫

- 汉
- 直径 15cm
- 圆形
- 边轮、上边残
- 左下钤“陶斋藏瓦”白文印

219 右空

·汉
·直径 18cm
·圆形
·左下钤“陶斋藏瓦”白文印

220　右空

· 汉
· 直径 16.7cm
· 圆形
· 左下钤“陶斋藏瓦”白文印

221　右空

- 汉
- 直径 15.5cm
- 圆形
- 边轮有残
- 左下钤“陶斋藏瓦”白文印

222　右空(残)

・汉
・直径 14.4cm
・圆形
・右边残
・左下钤"陶斋藏瓦"白文印

223 右空(残)

·汉
·直径 18cm
·圆形
·下半残
·左下钤“陶斋藏瓦”白文印

224　右将

· 汉
· 直径 15.2cm
· 圆形
· 左下钤"陶斋藏瓦"白文印

225 关

· 汉
· 直径 15cm
· 圆形
· 左上、左下有残
· 左下钤“陶斋藏瓦”白文印

226　佐弋

· 汉
· 直径 13cm
· 圆形
· 左下钤“陶斋藏瓦”白文印

227 佐弋

· 汉
· 直径 12cm
· 圆形
· 左下钤"陶斋藏瓦"白文印

228 佐弋

· 汉
· 直径 14cm
· 圆形
· 左上边轮残
· 左下钤“陶斋藏瓦”白文印

229 佐弋

· 汉
· 直径 13.5cm
· 圆形
· 左下钤“陶斋藏瓦”白文印

230　佐弋

· 汉
· 直径 12cm
· 圆形
· 右边轮残
· 左下钤“陶斋藏瓦”白文印

231 官

· 汉
· 直径 15.5cm
· 圆形
· 左下钤“陶斋藏瓦”白文印

232　都司空瓦

· 直径 16.8cm
· 圆形
· 左下钤“陶斋藏瓦”白文印

233　都司空瓦

- 汉
- 直径 17.8cm
- 圆形
- 左下钤“陶斋藏瓦”白文印

234　都司空瓦

· 汉
· 直径 17.3cm
· 圆形
· 左下钤“陶斋藏瓦”白文印

235　都司空瓦

- 汉
- 直径 12.8cm
- 圆形
- 边轮残
- 左下钤“陶斋藏瓦”白文印

236　都司空瓦(残)

· 汉
· 直径 16cm
· 圆形
· 上、左、右边残
· 左下钤“陶斋藏瓦”白文印

237　薪世所作

· 汉
· 直径 14.2cm
· 圆形
· 上边轮残
· 左下钤“陶斋藏瓦”白文印

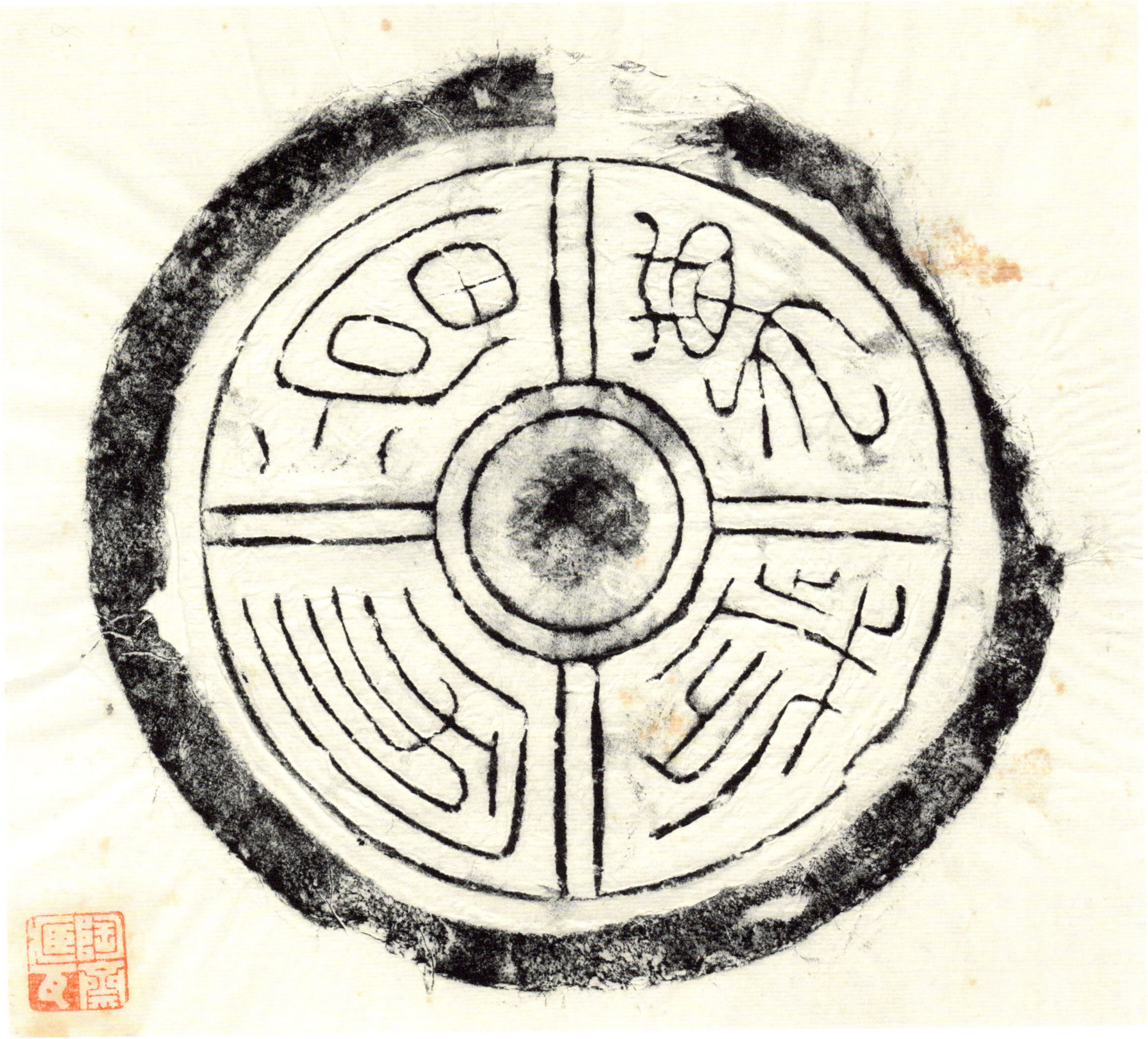

238　万岁冢当

· 汉
· 直径 16.5cm
· 圆形
· 右上边轮残
· 左下钤“陶斋藏瓦”白文印

239　长陵东当

· 汉
· 直径 15.8cm
· 圆形
· 左下钤“陶斋藏瓦”白文印

240　长陵东当

· 汉
· 直径 16.2cm
· 圆形
· 右上边轮残
· 左下钤“陶斋藏瓦”白文印

241　长陵东当

· 汉
· 直径 12.2cm
· 圆形
· 边轮残
· 左下钤“陶斋藏瓦”白文印

242　巨杨冢当

· 汉
· 直径 17cm
· 圆形
· 左上边轮残
· 左下钤“陶斋藏瓦”白文印

243 巨杨冢当

· 汉
· 直径 12.5cm
· 圆形
· 边轮残
· 左下钤“陶斋藏瓦”白文印

244　守祠堂当

· 直径 15.7cm
· 圆形
· 左下钤“陶斋藏瓦”白文印

245　守祠堂当

· 汉
· 直径 15.8cm
· 圆形
· 左下钤"陶斋藏瓦"白文印

246　治宫家当

· 汉
· 直径 15.8cm
· 圆形
· 上边轮残
· 左下钤“陶斋藏瓦”白文印

247 神零冢当

· 汉
· 直径 16.7cm
· 圆形
· 左下钤“陶斋藏瓦”白文印

248 冢

· 汉
· 直径 16cm
· 圆形
· 上边轮残
· 左下钤“陶斋藏瓦”白文印

249 冡

·汉
·直径 16cm
·圆形
·右上边轮残
·左下钤"陶斋藏瓦"白文印

250　冢上

· 汉
· 直径 15.6cm
· 圆形
· 左下钤“陶斋藏瓦”白文印

251 冢上

· 汉
· 直径 15cm
· 圆形
· 上边轮残
· 左下钤“陶斋藏瓦”白文印

252　殷氏冢当

·汉
·直径12cm
·圆形
·左下钤“陶斋藏瓦”白文印

253　墓

·汉
·直径 15cm
·圆形
·左下钤“陶斋藏瓦”白文印

254　夏门

· 汉
· 直径 14cm
· 圆形
· 边轮残
· 左下钤“陶斋藏瓦”白文印

255　黄山

·汉
·直径 15.5cm
·圆形
·左下钤“陶斋藏瓦”白文印

256　黄山

· 汉
· 直径 15cm
· 圆形
· 左下钤“陶斋藏瓦”白文印

257　黄山

· 汉
· 直径 15.5cm
· 圆形
· 左下钤“陶斋藏瓦”白文印

258 鄙

・汉
・直径 15cm
・圆形
・左边轮残
・左下钤“陶斋藏瓦”白文印

259 郿

· 汉
· 直径 15cm
· 圆形
· 左边轮残
· 左下钤“陶斋藏瓦”白文印

260　马氏万年

· 汉
· 直径 15.5cm
· 圆形
· 左下钤“陶斋藏瓦”白文印

261　马氏万年

· 汉
· 直径 15.5cm
· 圆形
· 左下钤“陶斋藏瓦”白文印

262　马氏万年

· 汉
· 直径 15.5cm
· 圆形
· 左下钤“陶斋藏瓦”白文印

263 马氏万年

· 汉
· 直径 15.5cm
· 圆形
· 左下钤“陶斋藏瓦”白文印

264　马氏万年

· 汉
· 直径 15.3cm
· 圆形
· 左下钤“陶斋藏瓦”白文印

265　马氏万年

· 汉
· 直径 15.8cm
· 圆形
· 左下钤“陶斋藏瓦”白文印

266 马氏万年

· 汉
· 直径 16cm
· 圆形
· 上边轮残
· 左下钤“陶斋藏瓦”白文印

267 马氏万年

- 汉
- 直径 15.5cm
- 圆形
- 右边轮残
- 左下钤“陶斋藏瓦”白文印

268　马氏万年

· 汉
· 直径 15.5cm
· 圆形
· 左下钤“陶斋藏瓦”白文印

269　马氏万年(残)

· 汉
· 直径 15.5cm
· 圆形
· 下边残
· 左下钤“陶斋藏瓦”白文印

270 马氏殿当

· 汉
· 直径 15.7cm
· 圆形
· 左下钤“陶斋藏瓦”白文印

271 马氏殿当

· 汉
· 直径 15.2cm
· 圆形
· 左下钤“陶斋藏瓦”白文印

272　马氏殿当

· 汉
· 直径 15.5cm
· 圆形
· 左下钤“陶斋藏瓦”白文印

273 严氏富贵(残)

· 汉
· 直径 14.5cm
· 圆形
· 右上及边轮残
· 左下钤“陶斋藏瓦”白文印

274　焦

· 汉
· 直径 15cm
· 圆形
· 左半边轮残
· 左下钤“陶斋藏瓦”白文印

275　山云纹

· 战国
· 直径 15.2cm
· 半圆形
· 左下钤“陶斋藏瓦”白文印

276　子母鹿纹

· 战国
· 直径 15cm
· 圆形
· 左边轮残
· 左下钤“陶斋藏瓦”白文印

277 双马树纹

·战国
·直径 15cm
·半圆形
·左下钤“陶斋藏瓦”白文印

278　双貛纹(残)

· 战国
· 直径 15cm
· 圆形
· 上半残
· 左下钤"陶斋藏瓦"白文印

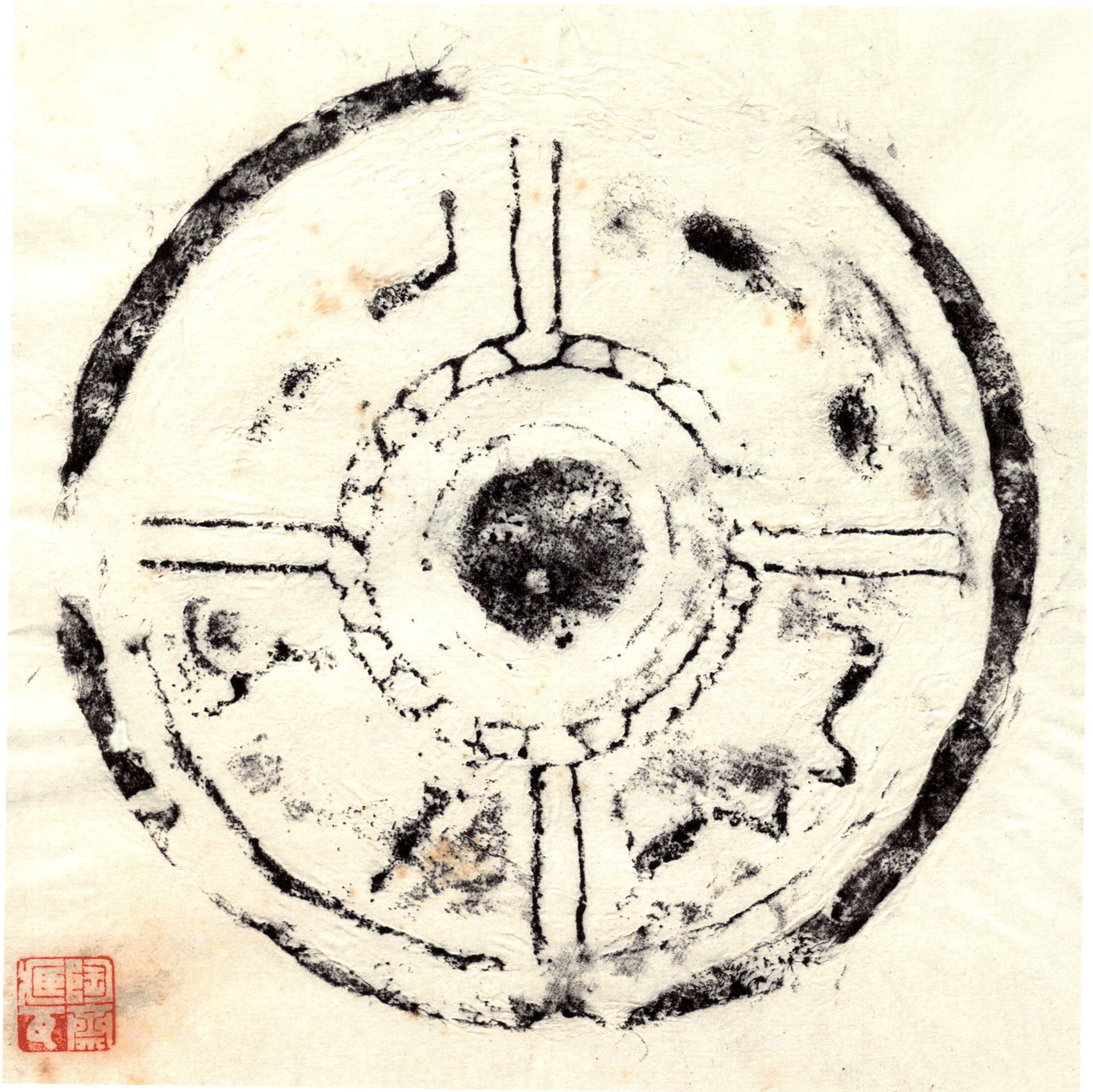

279 双鹿马雁龟纹

- 战国
- 直径 17cm
- 圆形
- 上边轮有残
- 左下钤“陶斋藏瓦”白文印

280 花蕾纹

· 战国
· 直径 14.3cm
· 圆形
· 左边残
· 左下钤“陶斋藏瓦”白文印

281　虎燕纹

· 战国
· 直径 15cm
· 圆形
· 左上边轮残
· 左下钤“陶斋藏瓦”白文印

282　虎燕纹

· 战国
· 直径 15.3cm
· 圆形
· 边轮残
· 左下钤“陶斋藏瓦”白文印

283 树云纹

· 战国
· 直径 14.8cm
· 半圆形
· 左下钤“陶斋藏瓦”白文印

284　鹿纹

· 战国
· 直径 15cm
· 圆形
· 边轮残
· 左下钤“陶斋藏瓦”白文印

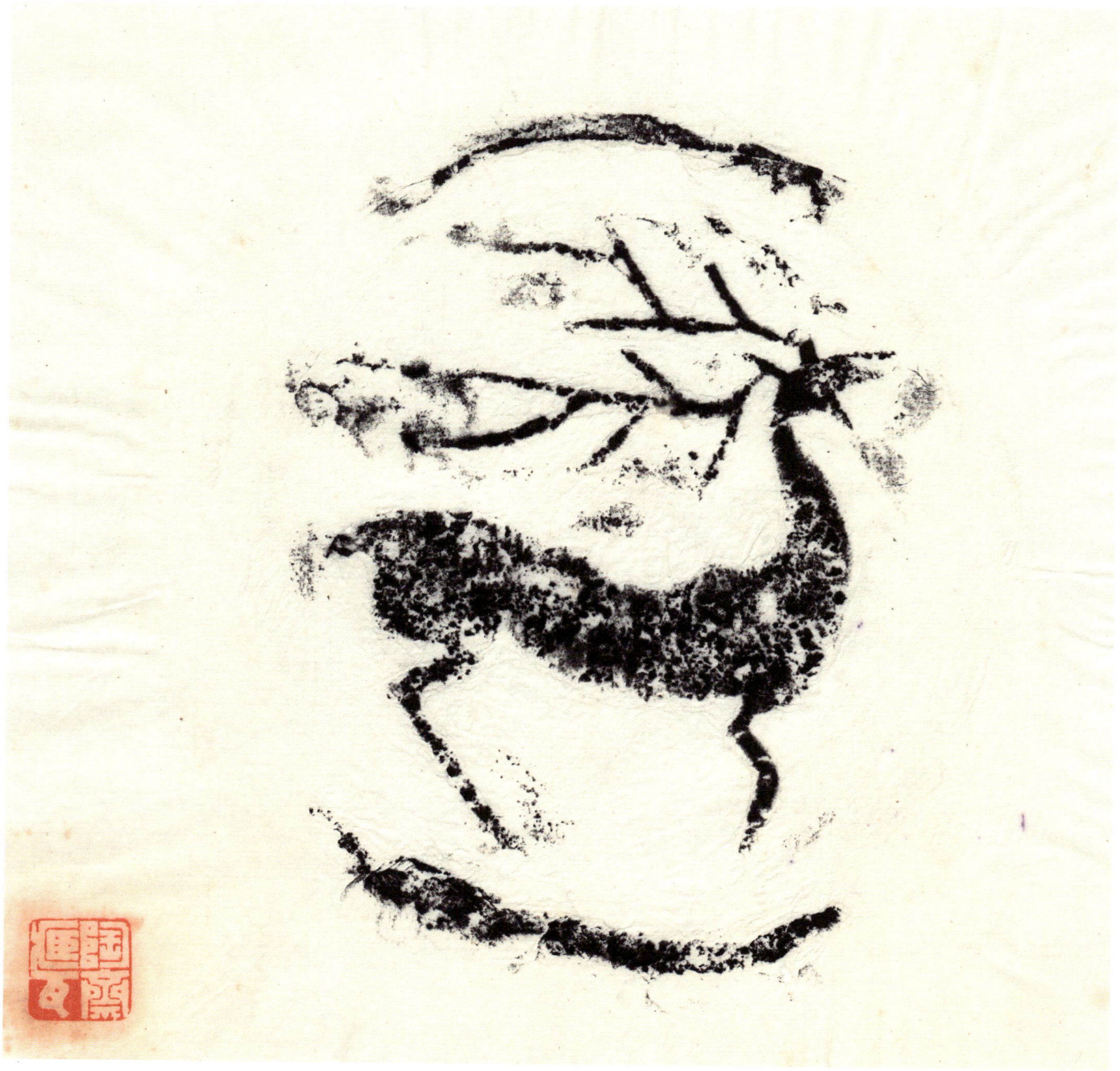

285　鹿纹

· 战国
· 直径 14cm
· 圆形
· 边轮残
· 左下钤“陶斋藏瓦”白文印

286　夔凤纹

- 战国
- 直径 14.5cm
- 圆形
- 左边轮残
- 左下钤“陶斋藏瓦”白文印

287 夔凤纹

· 战国
· 直径 14.5cm
· 圆形
· 左下钤“陶斋藏瓦”白文印

288 夔凤纹

· 战国
· 直径14.3cm
· 圆形
· 左右边轮有残
· 左下钤“陶斋藏瓦”白文印

289　夔凤纹

- 战国
- 直径 13.8cm
- 圆形
- 左下钤“陶斋藏瓦”白文印

290 夔凤纹(残)

- 战国
- 直径 11cm
- 圆形
- 左半及边轮残
- 左下钤“陶斋藏瓦”白文印

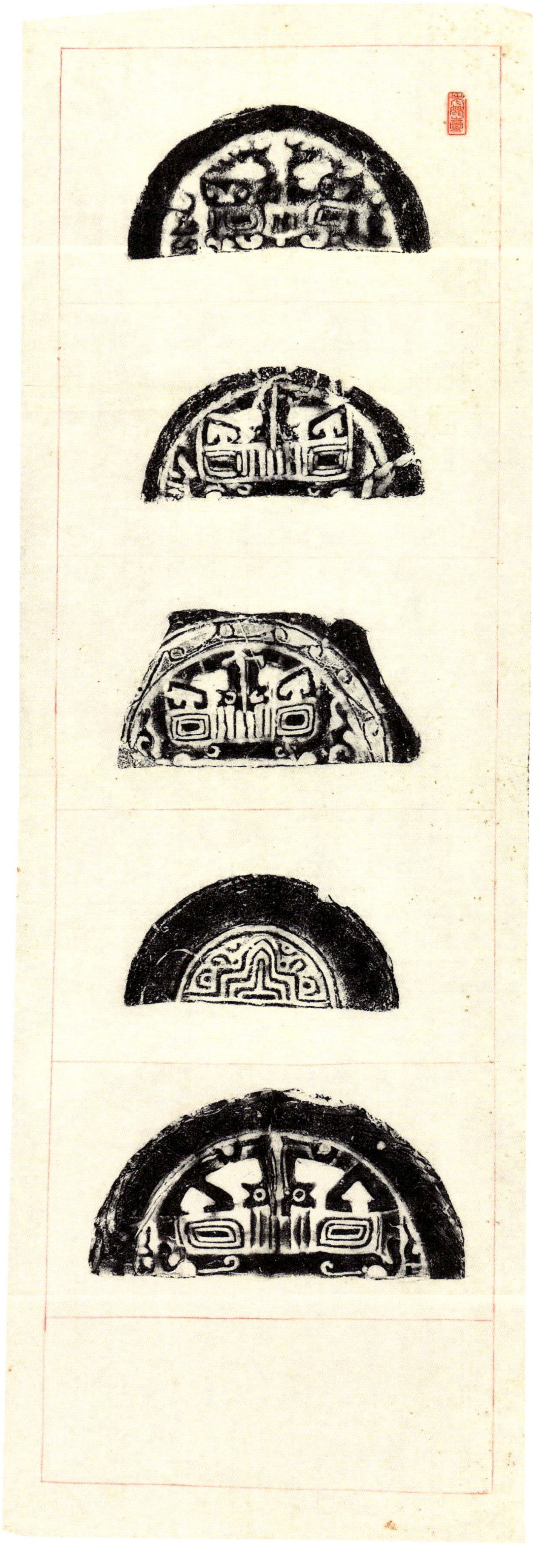

291　燕下都瓦当之一　双龙饕餮纹

- 战国
- 直径 20cm
- 右上钤“老姥台”朱文印
- 鲁迅原注：“古燕半瓦拓片，四纸二十种。一九三零年燕下都考古团发掘。三二年七月，静农自北平寄赠。”

292　燕下都瓦当之二　双龙饕餮纹

· 战国
· 直径 19cm
· 半圆形
· 左、右边轮残
· 右上钤“老姥台”朱文印
· 鲁迅原注:“古燕半瓦拓片,四纸二十种。一九三零年燕下都考古团发掘。三二年七月,静农自北平寄赠。”

293　燕下都瓦当之三　双龙饕餮纹

- 战国
- 直径 20cm
- 半圆形
- 左、右边轮残
- 右上钤“老姥台”朱文印
- 鲁迅原注：“古燕半瓦拓片，四纸二十种。一九三零年燕下都考古团发掘。三二年七月，静农自北平寄赠。”

294　燕下都瓦当之四　山云纹

·战国
·直径 18cm
·半圆形
·右上钤“老姥台”朱文印
·鲁迅原注:“古燕半瓦拓片,四纸二十种。一九三零年燕下都考古团发掘。三二年七月,静农自北平寄赠。”

295　燕下都瓦当之五　双龙饕餮纹

· 战国
· 直径 18cm
· 半圆形
· 右上钤"老姥台"朱文印
· 鲁迅原注:"古燕半瓦拓片,四纸二十种。一九三零年燕下都考古团发掘。三二年七月,静农自北平寄赠。"

296　燕下都瓦当之六　双龙饕餮纹

· 战国
· 直径 21cm
· 半圆形
· 右上钤“老姥台”朱文印
· 鲁迅原注:“古燕半瓦拓片,四纸二十种。一九三零年燕下都考古团发掘。三二年七月,静农自北平寄赠。”

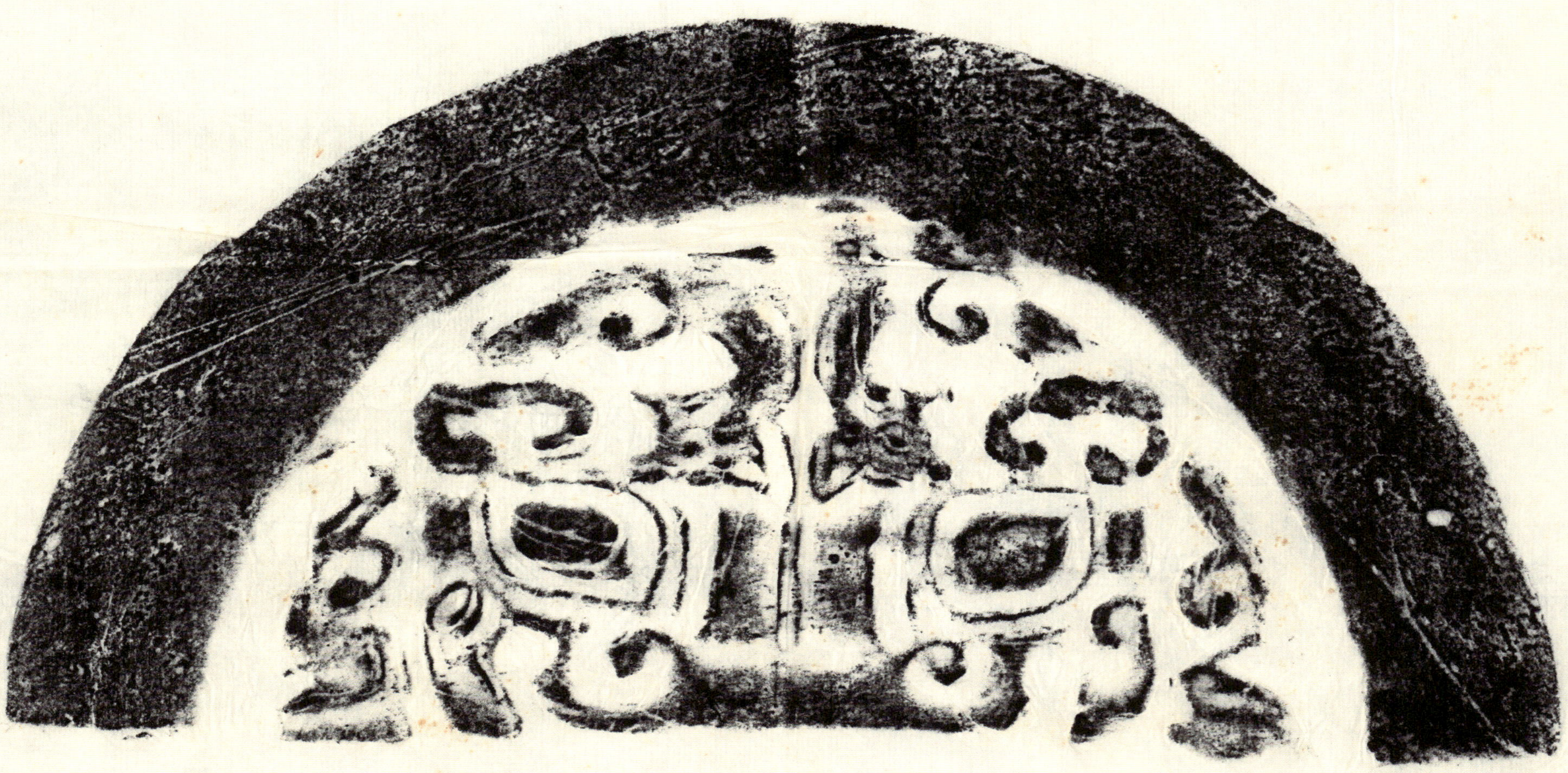

297　燕下都瓦当之七　双龙饕餮纹

· 战国
· 直径 24cm
· 半圆形
· 右上钤“老姥台”朱文印
· 鲁迅原注:“古燕半瓦拓片,四纸二十种。一九三零年燕下都考古团发掘。三二年七月,静农自北平寄赠。”

298 燕下都瓦当之八　山型饕餮纹

· 战国
· 直径 16cm
· 半圆形
· 右上钤“老姥台”朱文印
· 鲁迅原注:“古燕半瓦拓片,四纸二十种。一九三零年燕下都考古团发掘。三二年七月,静农自北平寄赠。”

299　燕下都瓦当之九　山云纹

· 战国
· 直径 16cm
· 半圆形
· 右上钤“老姥台”朱文印
· 鲁迅原注:“古燕半瓦拓片,四纸二十种。一九三零年燕下都考古团发掘。三二年七月,静农自北平寄赠。”

300　燕下都瓦当之十　山型饕餮纹

· 战国
· 直径 23cm
· 半圆形
· 鲁迅原注:"古燕半瓦拓片,四纸二十种。一九三零年燕下都考古团发掘。三二年七月,静农自北平寄赠。"

301　燕下都瓦当之十一　双龙饕餮纹

· 战国
· 直径18cm
· 半圆形
· 鲁迅原注:“古燕半瓦拓片,四纸二十种。一九三零年燕下都考古团发掘。三二年七月,静农自北平寄赠。”

302　燕下都瓦当之十二　双龙饕餮纹

· 战国
· 直径 22cm
· 半圆形
· 鲁迅原注:"古燕半瓦拓片,四纸二十种。一九三零年燕下都考古团发掘。三二年七月,静农自北平寄赠。"

303　燕下都瓦当之十三　山云纹

· 战国
· 直径 18.5cm
· 半圆形
· 鲁迅原注:“古燕半瓦拓片,四纸二十种。一九三零年燕下都考古团发掘。三二年七月,静农自北平寄赠。”

304　燕下都瓦当之十四　饕餮纹

· 战国
· 直径 17.6cm
· 半圆形
· 鲁迅原注:"古燕半瓦拓片,四纸二十种。一九三零年燕下都考古团发掘。三二年七月,静农自北平寄赠。"

305　燕下都瓦当之十五　饕餮纹

- 战国
- 直径 24cm
- 半圆形
- 鲁迅原注:“古燕半瓦拓片,四纸二十种。一九三零年燕下都考古团发掘。三二年七月,静农自北平寄赠。”

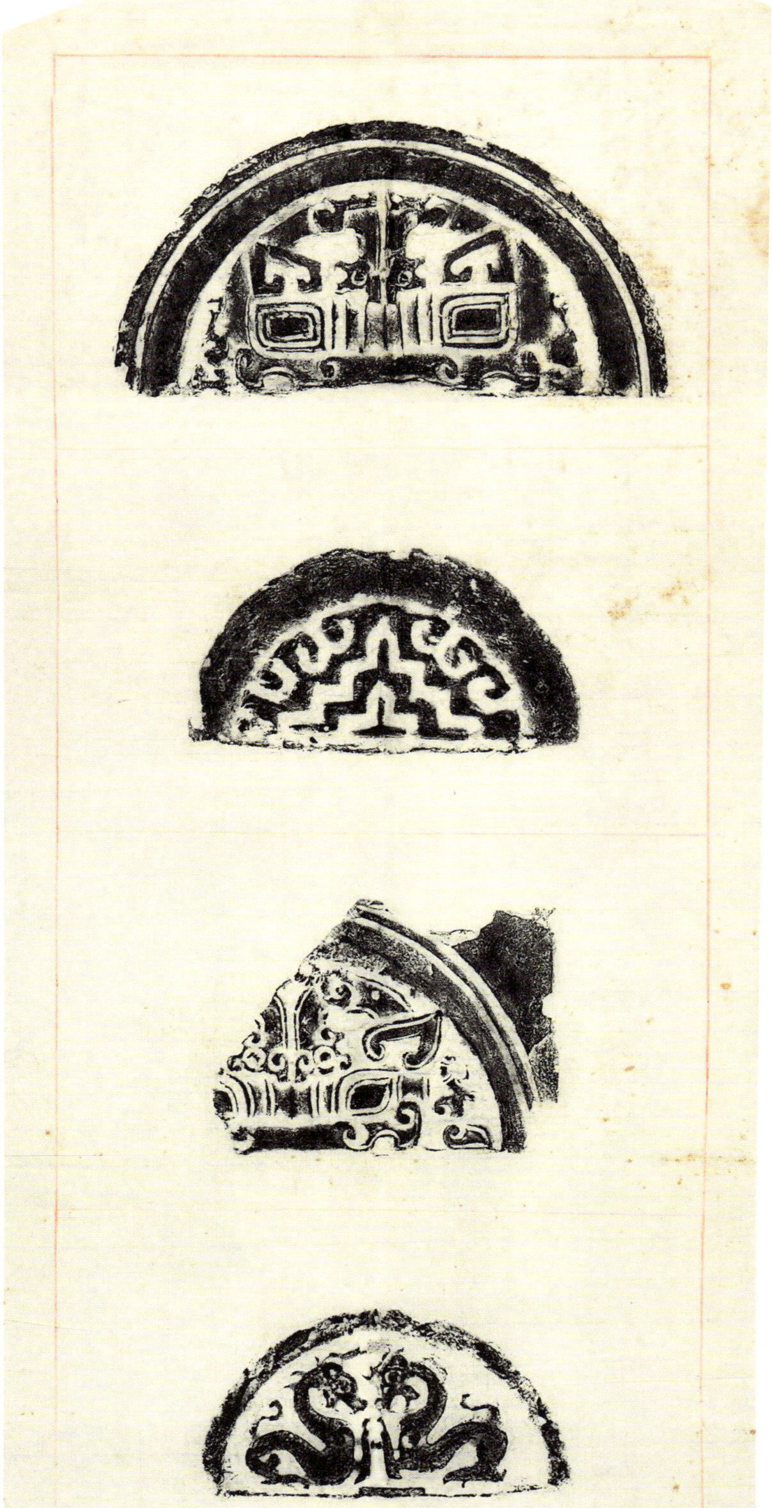

306　燕下都瓦当之十六　双龙饕餮纹

· 战国
· 直径24cm
· 半圆形
· 鲁迅原注:“古燕半瓦拓片,四纸二十种。一九三零年燕下都考古团发掘。三二年七月,静农自北平寄赠。”

307　燕下都瓦当之十七　山云纹

· 战国
· 直径 18cm
· 半圆形
· 鲁迅原注:“古燕半瓦拓片,四纸二十种。一九三零年燕下都考古团发掘。三二年七月,静农自北平寄赠。”

308　燕下都瓦当之十八　饕餮纹

· 战国
· 直径 16cm
· 半圆形
· 左上半残
· 鲁迅原注:“古燕半瓦拓片,四纸二十种。一九三零年燕下都考古团发掘。三二年七月,静农自北平寄赠。”

309　燕下都瓦当之十九　双龙纹

· 战国
· 直径 17cm
· 半圆形
· 鲁迅原注："古燕半瓦拓片，四纸二十种。一九三零年燕下都考古团发掘。三二年七月，静农自北平寄赠。"

310　燕下都瓦当之二十　双龙饕餮纹

· 战国
· 直径 26cm（原寸缩小 10%）
· 半圆形
· 鲁迅原注："古燕半瓦拓片，四纸二十种。一九三零年燕下都考古团发掘。三二年七月，静农自北平寄赠。"

311　云纹

· 汉
· 直径 16cm
· 圆形
· 左下钤“陶斋藏瓦”白文印

312　云纹

· 汉
· 直径 17cm
· 圆形
· 左下钤“陶斋藏瓦”白文印

313　云纹

·汉
·直径 15cm
·圆形
·边轮上有字
·左下钤“陶斋藏瓦”白文印

314　三雁纹

· 汉
· 直径 18cm
· 圆形
· 右边轮残
· 左下钤“陶斋藏瓦”白文印

315　凤鸟树叶纹

· 汉
· 直径 15cm
· 圆形
· 左下钤“陶斋藏瓦”白文印

316　凤鸟树叶纹

- 汉
- 直径 15cm
- 圆形
- 右边轮残
- 左下钤“陶斋藏瓦”白文印

317 凤鸟树叶纹

· 汉
· 直径 15cm
· 圆形
· 左下钤"陶斋藏瓦"白文印

318　双鹤云纹

- 汉
- 直径 15cm
- 圆形
- 上、下边轮残
- 左下钤“陶斋藏瓦”白文印

319 双鹤云纹

· 汉
· 直径 13.5cm
· 圆形
· 边轮皆残
· 左下钤“陶斋藏瓦”白文印

320　双鹤云纹

・汉
・直径 13.5cm
・边轮残
・左下钤“陶斋藏瓦”白文印

321　双虬纹

· 汉
· 直径 13.5cm
· 圆形
· 左下钤“陶斋藏瓦”白文印

322　白虎纹

· 汉
· 直径 19cm
· 圆形
· 左下钤“陶斋藏瓦”白文印

323 白虎纹

· 汉
· 直径 18cm
· 圆形
· 左下钤“陶斋藏瓦”白文印

324　玄武纹

·汉
·直径 18.4cm
·圆形
·左下钤“陶斋藏瓦”白文印

325　玄武纹

- 汉
- 直径 16cm
- 圆形
- 上边残
- 左下钤“陶斋藏瓦”白文印

326　玄武纹(残)

· 汉
· 直径 18.2cm
· 下半残
· 左下钤"陶斋藏瓦"白文印

327　朱雀纹

· 汉
· 直径 18cm
· 圆形
· 上边残
· 左下钤“陶斋藏瓦”白文印

328　青龙纹

· 汉
· 直径 18.6cm
· 圆形
· 左下钤“陶斋藏瓦”白文印

329　青龙纹(残)

·汉
·直径 19cm
·圆形
·左半、右上残
·左下钤“陶斋藏瓦”白文印

330　青龙纹(残)

· 汉
· 直径 19cm
· 圆形
· 下半残
· 左下钤“陶斋藏瓦”白文印

331 虎纹

· 汉
· 直径14cm
· 圆形
· 左下钤“陶斋藏瓦”白文印

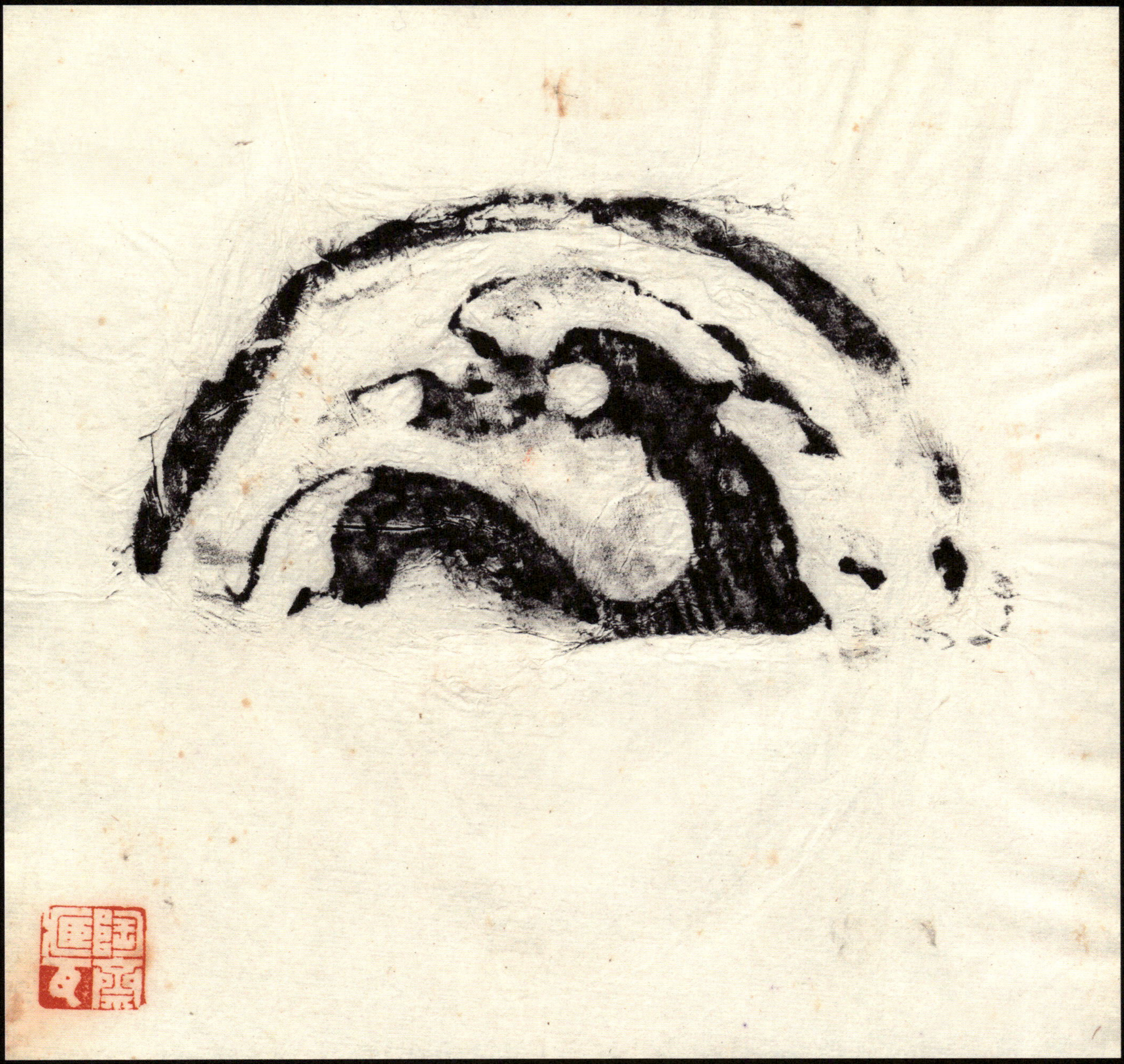

332　虎纹(残)

・汉
・直径 14cm
・圆形
・下半残
・左下钤“陶斋藏瓦”白文印

333　鱼藻纹

· 汉
· 直径 13.8cm
· 圆形
· 左下钤“陶斋藏瓦”白文印

334　兽缠枝纹

· 汉
· 直径 17cm
· 圆形
· 左下钤“陶斋藏瓦”白文印

335　禽鱼云纹

· 汉
· 直径 16cm
· 圆形
· 右半边轮残
· 左下钤“陶斋藏瓦”白文印

附 录

鲁迅金石杂抄（瓦当部分）

根据鲁迅手稿整理

陶斋所藏《秦汉瓦当文字》目录

宫室殿署阙门祠墓等瓦弟一

1　拜瓦一

干簹不[illegible]残瓦一

羽阳临渭瓦一残瓦二

羽阳千岁瓦三

羽阳万岁瓦二

汉并天下瓦七

汉廉天下瓦一

橐泉宫当一

黄山瓦一

八风寿存当四

鼎胡延寿宫瓦三

鼎胡延寿保瓦一

佐弋瓦五

益延寿瓦一

上林瓦五

上林半瓦二

甘泉上林瓦一

甘林瓦三

泰灵嘉神瓦三

石室朝神宫瓦二

2　朝阳望瓦一

寿成瓦一

平乐宫阿瓦二

便瓦五
宫瓦一
成山瓦一
初则宫寺瓦一
卫瓦八
都司空瓦四
右空瓦五
右将瓦一
大乐万当一
五穀满仓瓦一
高安万世瓦一
夏门瓦一
孝大□□残瓦一
永奉无疆瓦六
守祠堂当一
长陵东甍三
治冢宫当一
梁氏殿当一
马氏殿当三
马氏万年瓦十

3 严氏富贵瓦一
殷氏冢当一
巨杨冢当三
长久乐哉冢瓦一
神零冢当一
万岁冢当一
冢上瓦二
冢瓦一
墓瓦一
官瓦一

瓦一
焦瓦一
薪世所作瓦一

瓦二
石镇西半瓦一
维天降灵延元万年天下康宁瓦四

吉语瓦弟二
永受嘉福瓦三
长毋相忘瓦二
延年延年瓦一残瓦二
延年益寿瓦六
延寿长相思瓦一
长生乐哉瓦一

4 长生未央瓦六
长川未央瓦一
万年未央瓦一
长乐未央瓦十五
安乐未央瓦二
富昌未央瓦一
利君未央瓦一
未央半瓦一
千金宜富贵当一
始造贵富瓦一
安乐贵富瓦一
宜全钱当一
大吉宜官瓦一
官吉利昌瓦一
亿年无疆瓦二
寿老无极瓦一
长生无极瓦九
常生无极瓦二
与天瓦一
与天无极瓦二
与天毋极瓦一
与天久长瓦一
延寿万岁瓦三

5 延寿万岁常与天久长瓦二
千秋利君瓦二
千秋利君长延年瓦一
千秋万世瓦三
千秋万岁瓦二十残瓦五
千秋瓦二

千秋半瓦一
万秋瓦一
万岁万岁瓦范一
万岁万岁瓦一
千秋万岁余未央瓦一
宜矦王富□昌饮酒瓦一
万有憙瓦一
长□子孙残瓦一

画瓦弟三
龙瓦三残瓦一
虎瓦三
朱鸟瓦四残瓦一
玄武瓦四残瓦二
双虬瓦一
虎鹿瓦一
鹿瓦二
犬鹿瓦一

6 比肩兽残瓦一
异兽瓦二残瓦一
兽瓦一
双马残瓦一
凤瓦一
鸾瓦三
飞鸿瓦一
三雁瓦一
双鹤瓦二
二禽瓦一
四禽瓦一
六禽瓦一
八禽瓦一
水草瓦一
云物瓦三
云物半瓦二
陶斋所藏秦汉瓦当文字目录

瓦当目录

1 拜一

不潚一

羽阳临渭二

羽阳千岁三

羽阳万岁二

汉并天下七

汉兼天下一

橐泉宫当一

黄山一

八风寿存当四

鼎胡延寿(宫)三

鼎胡延寿(保)一

佐弋五

益延寿一

上林五

又半瓦二

泉上甘林一

甘林三

秦台嘉神三

石室朝神(宫)二

朝阳望嵎一

寿成一

便五

宫一

平乐宫阿二

卫八

初则宫寺一

都司空瓦四

右空五

2 冢

右将一

大万乐当一

五穀满仓一

高安万世一

夏门一

孝大□□一

永奉无疆六
守祠堂当一
长陵东甍三
治冢宫当一
梁氏殿当一
马氏殿当三
马氏万年十
严氏富贵一
殷氏冢当一
巨杨冢当三
长久乐哉(冢)一
神零冢当一
万岁冢当一
冢上二
冢一
墓一
官一
郡一
焦一
薪世所作一
王□□□二
石镇西半瓦一
维天降灵延元万年
天下康宁四

3 永受嘉福三
长毋相忘二
延年延年三
延年益寿六
延年长相思一
长生乐哉一
长生未央六
长川未央一
长乐未央十五
万年未央一
利君未央一
富昌未央一
安乐未央二
未央残一

宜富贵当(千金)一
始造贵富山鸟形一
安乐贵富一
宜钱？千年？当一
大吉宜官一
官吉利昌一
亿年无疆二
寿老无极一
长生无极九
常生无极二
与天一
与天无极二
与天毋极一
与天久长一
延寿万岁三
延寿万岁常与天久
长 二
千秋利君二
千秋利君长延年一
千秋万世三
千秋万岁廿五
千秋三
万秋一
万岁万岁二
千秋万岁余未央一
宜矦王富□昌饮酒一
有熹(万)一
长□子孙一
龙四
双龙一
虎三
虎鹿一
朱鸟六
玄武五
鹿二
犬鳌鹿一
比肩兽一
异兽三
兽一

双马半瓦一

鸾三

飞鸿一

三雁一

双鹤三

四鸟一

六鸟一

八鸟一

守宫一

水草一

花纹三

又半瓦二

夏晓静　整理

鲁迅瓦当年表

1915年　中华民国四年　乙卯　35岁

3月19日　鲁迅从钱稻孙处借得《秦汉瓦当文字》，并开始影抄，是为鲁迅搜集古代瓦当书籍资料及瓦当拓片之始。

《秦汉瓦当文字》是金石学古文字著录考释专书，是继林佶《汉甘泉宫记》、朱枫《秦汉瓦当图记》之后又一种瓦当文字专著。这套书有两种版本，一种是程敦著录的，一种是罗振玉编著的。鲁迅描摹的是前一种，收藏有后一种。现都保存在北京鲁迅博物馆。程敦（生卒年不详），字彝斋，清代安徽歙县人。著录的《秦汉瓦当文字》分为正卷二册、续卷一册，前两册成于乾隆五十二年（1787）。正卷除有总目、程氏自序，还附有孙星衍（渊如）写给程敦和程敦写给郑际唐（耘门）的两封信。上册收录瓦当66件，下册收录瓦当48件。随后的7年中，作者又继续寻访、搜集，收得瓦当文字花纹25件，编为《续秦汉瓦当文字》一卷，乾隆五十九年（1794）刊印。均为横渠书院刻本。全书共收入秦汉瓦当139图。每一种瓦当都有考证文字，诸如对瓦当铭文的释读，文字内容，年代，所属宫殿名称、位置的情况介绍等。

3月29日　鲁迅继续影写《秦汉瓦当文字》，第一卷上写完。

4月10日　鲁迅用十天的时间完成了《秦汉瓦当文字》一卷下册的影描工作，整套书的摹写共用了二十二天的时间。

4月11日　西泠印社寄给鲁迅《遯庵古镜存》二册，《秦汉瓦当存》二册，《敦交集》一册。

《遯庵古镜存》，内有遯庵所藏古镜拓片22张，拓工精良。吴隐，号遯庵，西泠印社创始人之一，工篆隶，精绘事、刻印。民国西泠印社拓本，一册，棉连纸。

《秦汉瓦当存》，清宣统二年吴隐自序，分上、下两卷，每瓦有注释，左图右文。

《敦交集》，（元）魏仲远辑，抄本。

4月16日　鲁迅把11号购买到的《遯庵瓦当存》寄给二弟周作人。

4月17日　鲁迅前往图书分馆还《秦汉瓦当文字》。

8月10日　鲁迅寄周作人《秦汉瓦当文字》二册、《百专考》一册、古砖拓片五枚，共一包。

8月13日　鲁迅收到二弟周作人信，内附建宁砖、长生未央瓦拓片各一张。

9月19日　鲁迅收到上海蟫隐庐书店寄来的《秦汉瓦当文字》二册。这套书是民国三年（1914）上虞罗氏影印本，共编为五卷。序的第一页上钤有“周作”朱文长印，在序的落款“宣统甲寅九月上虞罗振玉”后，钤有两枚罗振玉的“罗振玉印”和“罗叔言”白文方印。此书是专论瓦当的专著，内收瓦当图319幅，都是清一代学者赵魏、钱坫、俞肇修、宋葆醇、王福田、吴式芬、陈介祺、潘祖荫等人旧藏，罗振玉将之编为上下两册。

9月30日　鲁迅将影摹的《秦汉瓦当文字》寄二弟周作人。

12月23日　周作人把瓦当拓片二枚寄鲁迅。

1918年　中华民国七年　戊午　38岁

4月25日　鲁迅在琉璃厂买得未央东阁瓦当拓片一枚，券一元。

9月28日　鲁迅在琉璃厂买得瓦当拓片卌枚，币六元。

1919年　中华民国八年　己未　39岁

2月16日　鲁迅在琉璃厂德古斋买端氏所藏瓦当拓片卅二枚，券二元。

3月3日　鲁迅在琉璃厂德古斋买得端氏所藏瓦当拓片与二月十六日无重复者二百六十枚，价券十四元。

1921年　中华民国十年　辛酉　41岁

3月23日　鲁迅在琉璃厂为历史博物馆买瓦当二个，三元。

1932年　中华民国二十一年　壬申　52岁

7月11日　鲁迅收到台静农寄赠的古燕瓦拓片20种四张，包装袋上有鲁迅手迹：“古燕半瓦拓片 四纸 二十种 一九三〇年燕下都考古团发掘所得 三二年七月静农自北平寄赠”，每张上有五种瓦图。20世纪20年代末，在考古学家、北大教授马衡先生的倡议下，由前北平研究院、古物保管委员会和北京大学联合组成了燕下都考古团。1930年，考古团对燕下都古城外的老姆台建筑遗址进行了小规模的调查发掘。所获文物中，以半圆形瓦当为最多，共2537件，半瓦当的纹饰中又以饕餮纹最多。台静农寄赠鲁迅的这二十种古燕半瓦拓片，只是其中很少的一部分，拓片上的图案皆为饕餮纹。

1935年　中华民国二十四年　乙亥　55岁

5月30日　内山书店给鲁迅送来日文书《乐浪及高丽古瓦当图谱》，诸冈荣治编著，昭和十年(1935)，一册，京都便利堂出版。

夏晓静　整理

图书在版编目（CIP）数据

鲁迅藏拓本全集．瓦当卷／北京鲁迅博物馆编．--
杭州：西泠印社出版社，2015.5
ISBN 978-7-5508-1481-3

Ⅰ．①鲁… Ⅱ．①北… Ⅲ．①瓦当（考古）－拓片－
中国－图集 Ⅳ．①K870.2

中国版本图书馆CIP数据核字（2015）第098963号

鲁迅藏拓本全集——瓦当卷 北京鲁迅博物馆 编

出品人：江 吟
责任编辑：张月好
责任出版：李 兵
项目策划：钱小良 沈 刚 寿林芬
装帧设计：范建中 陈 翀 林道清
编 务：阮 芳 陆苗娟 任娜娜
出版发行：西泠印社出版社
社 址：杭州市西湖文化广场32号E区5楼（邮编：310014）
电 话：0571-87243079
印 刷：绍兴市越生彩印有限公司
开 本：787mm×1092mm 1/8
印 张：47
印 数：00 001-1 500
版 次：2015年5月第1版 2015年5月第1次印刷
书 号：ISBN 978-7-5508-1481-3
定 价：880.00元

2011年11月11日，绍兴市越生彩印有限公司移师绍兴迪荡新城，创建浙江越生文化创意园，麾下有绍兴市越生彩印有限公司、西泠印社出版社绍兴办事处、生活·文化编辑部、西泠印社产品绍兴代理处、大象策划等五家单位。经营范围为：环艺设计、制作；会展策划；企业形象策划；书籍、画册策划、设计、编纂、出版、印刷；艺术品代理、销售；广告、多媒体设计；礼品开发。其中西泠印社出版社绍兴办事处将绍兴印刷理念及印刷水平提高到一个新品位，具有了印刷、编纂、出版大型、高档、精美书品的能力，为新时期绍兴文化大发展、大繁荣提供了一个创意空间。西泠印社产品绍兴代理处将享誉海内外的百年名社——西泠印社的珍贵礼品（书、画、篆刻、文房四宝等）引入绍兴，将绍兴礼品市场提高到一个新概念、新档次。我们的理念是“文化创意，创意生活”。

地址：绍兴市胜利东路435号（迪荡新城元城大厦1303）
邮编：312000
电话：0575-88657518
0575-88319183
传真：0575-88319183
Q Q：909169705